PONS

Reisewörterbuch Brasilianisch

bearbeitet von
Gerd Ackermann

Ernst Klett Verlag GmbH
Stuttgart Düsseldorf Leipzig

Bildquellen
G. Ackermann, München: 11, 19, 26, 29, 36, 42, 51, 69, 74, 83, 86, 88, 90, 91, 103, 111, 112, 117, 129; Bundesverband Selbsthilfe Körperbehinderter, Krautheim: 55; Embratur Office Rio de Janeiro, Brazil: Karte hintere innere Umschlagseite; Ifa, Stuttgart: 21, 45, 61, 95, 97, 105; Mairs Geographischer Verlag, Ostfildern: Karte vordere innere Umschlagseite

PONS Reisewörterbuch
Bearbeitet von:
Gerd Ackermann

Grammatik:
auf der Basis von PONS Praxiswörterbuch Portugiesisch,
Lutz Hoepner; adaptiert für Brasilianisch:
Gerd Ackermann

Redaktion:
Barbara Pflüger
Regina Reinboth-Kämpf

Die Deutsche Bibliothek – CIP-Einheitsaufnahme
Ein Titeldatensatz für diese Publikation
ist bei der Deutschen Bibliothek erhältlich.

1. Auflage 2000 - Nachdruck 2000

Internet: http://www.pons.de
E-mail: info@pons.de
Umschlaggestaltung: Ira Häußler, Stuttgart; Erwin Poell, Heidelberg
Layout und Satz: Fotosatz Kaufmann, Stuttgart
Reproduktionen: Günther Piltz, Stuttgart
Druck: Druckhaus Münster
Printed in Germany

ISBN 3-12-518212-3

Aussprache

Vokale:

au:	ist keine Betonung auf einem der Vokale, dann werden diese zusammenhängend wie im deutschen Wort „Maus“ (aber nasal) ausgesprochen, z. B. mau (schlecht) [mau]
ai:	wird stets verbunden ausgesprochen wie „ei“ in „Reis“, z. B. raiva (Wut) ['raiva]
e:	am Ende des Wortes ohne Akzent wird je nach Region wie „e“ oder „i“ ausgesprochen. In beiden Fällen wird man verstanden: z. B. rede (Hängematte) ['redsche] oder ['redschi]
ei:	wird niemals wie im Deutschen „ei“ (wie z. B. in „Ei“) ausgesprochen. Beide Vokale werden einzeln gesprochen, z. B. feira (Markt) ['feira]
eu:	wird nie wie „eu“ in „Eule“, sondern die Vokale werden immer hintereinander einzeln ausgesprochen wie „e-u“, z. B. eu (ich) ['eu]
o:	am Ende des Wortes ohne Akzent kann man als Gringo ruhig als o aussprechen, tatsächlich geht es aber in ein leichtes „u“ über, z. B. rio (Fluss) ['riu] oder ['rio]
oi:	wird stets verbunden ausgesprochen wie das „Eu“ in der „Eule“, z. B. depois (später) [di'pois]
ui:	wird stets nacheinander wie der Ausruf „Ui“ ausgesprochen, z. B. muito (viel) ['muito]

Nasallaute:

Wie schon der Name sagt, werden diese Laute leicht durch die Nase gesprochen. Ein typischer Nasallaut im Deutschen ist beispielsweise das „iau“ in „Miau“.
Den brasilianischen Nasallaut erkennt man auch an der kleinen Welle auf dem Vokal, auch Tilde genannt.

So klingt:

„ãe“	in mãe (Mutter)	wie	„ai“	in Mai
„ães“	in mães (Mütter)	wie	„ais“	in Mais
„ão“	in portão (Einfahrt)	wie	„au“	in Bau
„ãos“	in portãos (Einfahrten)	wie	„aus“	in Haus
„ões“	in informações (Informationen)	wie	„äuß“	in „äußerst“

Konsonanten:

c:	wird vor a, o und u wie „k" ausgesprochen, z. B. carro (Auto) ['kaho]; ansonsten wie ein scharfes „ß" oder auch nur wie ein einfaches „s", z. B. cedo (früh) ['sedo]
ç:	wird wie ein scharfes „ß" oder auch nur wie ein einfaches „s" ausgesprochen, z. B. praça (Platz) ['praßa] oder ['prasa]
ch:	wird wie „sch" ausgesprochen, z. B. chamar (rufen) [scha'mar]
g:	wird vor den Vokalen „e" und „i" wie „sch" gesprochen, z. B. gelado (gefroren) [sche'lado]
h:	wird am Anfang eines Wortes nicht ausgesprochen, z. B. hesitar (zögern) [esi'tar]
j:	wird am Wortanfang wie „sch" ausgesprochen, z. B. journal (Zeitung) [schor'nau]
lh:	wird wie „lj" ausgesprochen, z. B. toalha (Handtuch) [toal'ja]
l:	wird am Wortende unterschiedlich ausgesprochen. Daher genau auf die Lautschrift achten. So wird aus mal (schlecht) [mau], Brasil (Brasilien) [bra'siu], terrivél (schrecklich) [te'hiweo]
nh:	kann wie „nj" oder auch nur „n" ausgesprochen werden, z. B. dinheiro (Geld) [dschin'jeiro] oder [dschin'eiro]
qu:	wird vor „e" und „i" wie „k" ausgesprochen, z. B. que (was) [ke]; ansonsten wie „kw": quarto (Zimmer) ['kwarto]
r:	wird am Wortanfang zu einem „h". Man kann jedoch auch ein Zungen-r aussprechen, z. B. rasgar (zerreißen) [has'gar], aber auch [ras'gar]
rr:	wird als „h" ausgesprochen, z. B. correio (Post) [ko'heio]
x:	wird in der Regel wie ein „sch" ausgesprochen, z. B. xícara (Tasse) ['schikara], in Ausnahmen wie ein „x" in Taxi
z:	wie ein scharfes „ß" oder auch nur wie ein einfaches „s", z. B. dizer (sagen) [di'ßer] oder [di'ser]

Betonung:

Wörter mit nur einem Vokal oder zwei aufeinanderfolgenden Vokalen, die gleichwertig betont werden, haben kein Betonungszeichen. Ansonsten befindet sich der Akzent „ ' " vor dem zu betonenden Vokal, ggf. noch vor dem davor befindlichen Konsonanten. Stehen zwei Vokale hintereinander und befindet sich davor ein Betonungszeichen, so ist der erste Vokal zu betonen.

Beispiele für die korrekte Aussprache und die Betonung:

água	['agwa] (Wasser)	Das „gu" wird zu „gw".
alguém	[au'gein] (irgendjemand)	Aus dem „al" wird ein „au" wie in „Haus".
ao	['ao] (zu)	In dieser Kombination als einzelnes Wort liegt die Betonung auf dem „a". Die Vokale in „São" von São Paulo werden dagegen, da sie kein Betonungszeichen haben, wie in dem Wort „Sau" zusammen nasal (Tilde!) betont.
atual	[atu'au] (aktuell)	Die Endung „-al" wird zu „-au".
bom/bem	[bong/beng] (gut)	Die Endung „-om" wird wie „ong", die Endung „-em" wie „eng" ausgesprochen.
completa-mente	[kompleta-'meintschi] (vollständig)	Aus dem „c" wird ein „k", aus der Endung „-mente" ein ['meintschi].
e	[i] (und)	Aus dem „e" wird ein „i".
espécie	[e'spesie] (Art)	Das „-ie" am Wortende wird nicht wie im Deutschen als langes „i" ausgesprochen, sondern hintereinander „i-e" wie „Spezie".
há	[a] (es gibt)	Das „h" wird verschluckt, das „a" kurz ausgesprochen.
hoje	['oschi] (heute)	Das „h" wird verschluckt, das „j" zu „sch" und aus dem „e" ein „i".
hospitalidade	[hospitali-'dadschi] (Gastfreundschaft)	Die Endung „-ade" wird wie der (Apfel-)„dadschi" ausgesprochen.
mais	[mais] (mehr)	Die Vokale werden zusammenhängend wie in „Mais" gesprochen.
meia	['meia] (halb)	Die Betonung liegt auf dem „ei".
muito	['muito] (viel)	Die Betonung liegt gleichwertig auf dem „u" und dem „i". Beide Vokale werden stets wie ein „ui" in „Pfui" ausgesprochen.
não	[nau] (nein)	Das nasale „a" mit dem „u" wird am Wortende wie das „Nau" im Wort „Nautik" stets zusammen ausgesprochen.
oito	['oito] (acht)	Das „o" und das „i" hintereinander werden stets zusammen wie das „Eu" in „Eule" ausgesprochen.
parente	[pa'reintschi] (Verwandter)	Betonung auf dem „rei"! „e" und „i" werden immer, wenn sie hintereinander folgen, zusammenhängend ausgesprochen.

pé	[pä] (Fuß)	„e" mit Akzent wird wie das deutsche „ä" ausgesprochen.
provavel-mente	[prowaweu-'meintschi] (wahrscheinlich)	Das „eu" in der Lautschrift wird nicht wie das „eu" in Eule ausgesprochen, sondern hintereinander „e-u".
sim	[sinn] (ja)	Das „m" ist in diesem Fall nasal und wird eher wie im deutschen „Sinn" ausgesprochen.
talvez	[tau'weiß] (vielleicht)	Aus dem „al" wird ein „au" wie in „Tau". Das „v" wird wie ein „w", das „z" wie ein „ß" ausgesprochen.
terrível	[te'hiweo] (fürchterlich)	Aus dem Doppel-"r" wird ein „h", die Endung „-el" wird zu „-eo".
virgem	['wirscheing] (Jungfrau)	Das „v" wird zu „w", die Betonung liegt auf dem „wi".

Das Alphabet

A	a	[a]	J	j	['schotta]	S	s	['esi]
B	b	[be]	K	k	[ka]	T	t	[te]
C	c	[ße]	L	l	['eli]	U	u	[u]
D	d	[de]	M	m	['emi]	V	v	[we]
E	e	[ä]	N	n	['eni]	W	w	['dabriu]
F	f	[äf]	O	o	[o]	X	x	[schieß]
G	g	[sche]	P	p	[pe]	Y	y	['ipsilon]
H	h	[a'ga]	Q	q	[ke]	Z	z	[ße]
I	i	[i]	R	r	['ähi]			

Hinweise zu den Wortlisten und zum Wörterbuchteil

Substantive mit der Endung **o** oder **or** (Singular), **os** (Plural) sind männlich; Substantive mit der Endung **a** (Singular) bzw. **as** (Plural) sind weiblich. Nur bei Abweichungen von dieser Regel und bei anderen Endungen wird das Geschlecht der Substantive durch den Artikel angegeben.

Abkürzungen im Reisewörterbuch

acc	Akkusativ	
adj	Adjektiv, Eigenschaftswort	adje(c)tivo
adv	Adverb, Umstandswort	advérbio
alg	jemand(en)	alguém
Br	brasilianisch	brasileiro
conj	Konjunktion, Bindewort	conjunção
dat	Dativ	
el	Elektrizität	ele(c)tricidade
etw	etwas	algo
f	Femininum, weiblich	feminino
jdm	jemandem	a alguém
jdn	jemanden	alguém
m	Maskulinum, männlich	masculino
med	Medizin	medicina
pers prn	Personalpronomen	pronome pessoal
pl	Plural, Mehrzahl	plural
poss prn	Possessivpronomen	pronome possessivo
prn	Pronomen, Fürwort	pronome
prp	Präposition, Verhältniswort	preposição
rel	kirchlich, geistlich	religioso
s.	sich	se
sing	Singular, Einzahl	singular
tele	Telefon, Telegraf	telefone, telégrafo

Allgemeines

Das Wichtigste in Kürze

Ja.	**Sim.** [sinn]
Nein.	**Não.** [nau]
Bitte.	**Por favor.** [por fa'wor]
Danke.	**Obrigado/Obrigada.** [obri'gado/obri'gada]
Wie bitte?	**Como?** ['komo]
Selbstverständlich!	**Evidentemente!** [ewidente'meintschi]
Einverstanden!	**De acordo!** [di a'kordo]
Okay!	**O.k.!** [o'kei]
In Ordnung!	**Está bem!** [es'ta beng]
Entschuldigung!	**Desculpe!** [des'kulpe]
Einen Augenblick, bitte.	**Um momento, por favor.** [um mo'mento por fa'wor]
Genug!	**Basta!** ['basta]
Hilfe!	**Socorro!** [so'koho]
Wer?	**Quem?** [keing]
Was?	**O quê?** [o kä]
Welcher/Welche/Welches?	**Qual?** [kwau]
Wem?	**De quem?** [di keing]
Wen?	**Quem?** [keing]
Wo?	**Onde?** ['ondschi]
Wo ist / Wo sind …?	**Onde está / Onde estão …?** ['ondschi es'ta/'ondschi es'tau]
Woher?	**De onde?** [di 'ondschi]
Wohin?	**Para onde?** ['para 'ondschi]
Warum?	**Porque?** [por'ke]
Wozu?	**Para quê?** ['para kä]
Wie?	**Como?** ['komo]
Wie viel?	**Quanto?** ['kwanto]
Wie lange?	**Quanto tempo?** ['kwanto 'tempo]

Wann?	**Quando?** ['kwando]
Ich möchte…	**Quero…** ['kero]
Gibt es …?	**Há … / Tem …?** [a/teng]

Zahlen – Maße – Gewichte

0	**zero** ['sero]
1	**um** [um]
2	**dois** [dois]
3	**três** [tres]
4	**quatro** ['kwatro]
5	**cinco** ['sinko]
6	**seis** [seis]
7	**sete** ['sätschi]
8	**oito** ['oito]
9	**nove** ['nowi]
10	**dez** [deis]
11	**onze** ['onsi]
12	**doze** ['dosi]
13	**treze** ['tresi]
14	**catorze** [ka'torsi]
15	**quinze** ['kinsi]
16	**dezesseis** [dese'ßeis]
17	**dezessete** [dese'ßätschi]
18	**dezoito** [de'soito]
19	**dezenove** [dese'nowi]
20	**vinte** ['wintschi]
21	**vinte e um** ['wintschi i um]
22	**vinte e dois** ['wintschi i dois]
23	**vinte e três** ['wintschi i tres]
24	**vinte e quatro** ['wintschi i 'kwatro]
25	**vinte e cinco** ['wintschi i 'sinko]
26	**vinte e seis** ['wintschi i seis]
27	**vinte e sete** ['wintschi i 'sätschi]
28	**vinte e oito** ['wintschi i 'oito]
29	**vinte e nove** ['wintschi i 'nowi]
30	**trinta** ['trinta]
31	**trinta e um** ['trinta i um]
32	**trinta e dois** ['trinta i dois]
40	**quarenta** [kua'renta]
50	**cinqüenta** [sin'kwenta]
60	**sessenta** [se'ßenta]
70	**setenta** [se'tenta]
80	**oitenta** [oi'tenta]
90	**noventa** [no'wenta]

100	**cem** [seng]
101	**cento e um** ['sento i um]
200	**duzentos** [du'sentos]
300	**trezentos** [tre'sentos]
1000	**mil** ['miu]
2000	**dois mil** [dois 'miu]
3000	**três mil** [tres 'miu]
10000	**dez mil** [deis 'miu]
100000	**cem mil** [seng 'miu]
1000000	**um milhão** [um mil'jau]
1.	**primeiro** [pri'meiro]
2.	**segundo** [se'gundo]
3.	**terceiro** [ter'seiro]
4.	**quarto** ['kwarto]
5.	**quinto** ['kinto]
6.	**sexto** ['sesto]
7.	**sétimo** ['sätschimo]
8.	**oitavo** [oi'tawo]
9.	**nono** ['nono]
10.	**décimo** ['desimo]
1/2	**um meio** [um 'meio]
1/3	**um terço** [um 'terso]
1/4	**um quarto** [um 'kwarto]
3/4	**três quartos** [tres 'kwartos]
3,5%	**três e meio por cento** [tres i 'meio por 'sento]
27 °C	**vinte e sete graus** ['wintschi i 'sätschi graus]
– 5 °C	**cinco graus negativos** ['sinko graus nega'tiwos]
Millimeter	**milímetro** [mi'limetro]
Zentimeter	**centímetro** [sen'timetro]
Meter	**metro** ['metro]
Kilometer	**quilômetro** [ki'lometro]
Liter	**litro** ['litro]
Gramm	**o grama** ['grama]
Pfund	**meio quilo** ['meio 'kilo]
Kilogramm	**quilo** ['kilo]

Zeitangaben

Uhrzeit

Von Brasilia geht die Standardzeit aus, im Vergleich zu Europa liegt sie je nach Zeitzone zwischen 3 und 6 Stunden zurück. Ab Oktober muss auch die brasilianische Sommerzeit berücksichtigt werden.

Wie viel Uhr ist es?	**Que horas são?** [ke 'oras sau]
Es ist genau …	**São exatamente …** [sau esata'meintschi]
Es ist ungefähr …	**São mais ou menos …** [sau mais ou 'menos]
3 Uhr.	**três horas.** [tres 'oras]
5 nach 3.	**três e cinco.** [tres i 'sinko]
3 Uhr 10.	**três e dez.** [tres i deis]
Viertel nach 3.	**três e quinze.** [tres i 'kinsi]
halb 4.	**três e meia.** [tres i 'meia]
Viertel vor 4.	**quinze para as quatro.** ['kinsi 'para as 'kwatro]
5 vor 4.	**cinco para as quatro.** ['sinko 'para as 'kwatro]
Es ist 1 Uhr.	**É uma hora.** [ä 'uma 'ora]
Es ist 12 Uhr Mittag / Mitternacht.	**É meio-dia/meia-noite.** [ä 'meio-'dschia/'meia-'noitschi]
Um wie viel Uhr? / Wann?	**A que horas? / Quando?** [a ke 'oras/'kwando]
Um 1 Uhr.	**Uma hora.** ['uma 'ora]
Gegen 4 Uhr.	**Pelas quatro horas.** ['pelas 'kwatro 'oras]
In zwei Stunden.	**Dentro de duas horas.** ['dentro di 'duas 'oras]
Nicht vor 9 Uhr morgens.	**Não antes das nove da manhã.** [nau 'antes das 'nowi da man'ja]
Nach 8 Uhr abends.	**Depois das oito da noite.** [de'pois das 'oito da 'noitschi]
Zwischen 3 und 4.	**Entre as três e as quatro.** ['entre as tres i as 'kwatro]

Wie lange?	**Quanto tempo?** ['kwanto 'tempo]
Zwei Stunden (lang).	**(Durante) duas horas.** [(du'rantschi) 'duas 'oras]
Von 10 bis 11.	**Das dez as onze.** [das deis as 'onsi]
Bis 5 Uhr.	**Até as cinco horas.** [a'tä as 'sinko 'oras]
Seit wann?	**Desde quando?** ['deisdi 'kwando]
Seit 8 Uhr morgens.	**Desde as oito da manhã.** ['desdi as 'oito da man'ja]
Seit einer halben Stunde.	**Há meia hora.** [a 'meia 'ora]
Seit acht Tagen.	**Há oito dias.** [a 'oito 'dschias]

abends	**à tarde** [a 'tardschi]
am Sonntag	**no domingo** [no do'mingo]
am Wochenende	**no fim-de-semana** [no fing-di-se'mana]
bald	**em breve** [eing 'brewi]
diese Woche	**esta semana** ['esta se'mana]
gegen Mittag	**por volta do meio-dia** [por 'wolta do 'meio-dschia]
gestern	**ontem** ['onteing]
heute	**hoje** ['oschi]
heute Morgen/Abend	**hoje de manhã / hoje à noite** ['oschi di man'ja/'oschi a 'noitschi]
in 14 Tagen	**dentro de quinze dias** ['dentro di 'kinsi 'dschias]
jeden Tag	**todos os dias** ['todos os 'dschias]
jetzt	**agora** [a'gora]
kürzlich	**recentemente** [resente'meintschi]
letzten Montag	**na segunda-feira passada** [na se'gunda-'feira pa'ßada]
manchmal	**às vezes** [as 'weses]
mittags	**ao meio-dia** [ao 'meio 'dschia]
morgen	**amanhã** [aman'ja]
morgen früh/Abend	**amanhã de manhã / amanhã à noite** [aman'ja di man'ja/aman'ja a 'noitschi]
morgens	**de manhã** [di man'ja]
nachmittags	**à tarde** [a 'tardschi]
nächstes Jahr	**no próximo ano** [no 'prosimo 'ano]
nachts	**à noite** [a 'noitsche]
stündlich	**por hora** [por 'ora]
täglich	**por dia** [por 'dschia]; **todos os dias** ['todos os 'dschias]; **diariamente** ['tschiaria'meintsche]
tagsüber	**durante o dia** [du'rantschi o 'dschia]
übermorgen	**depois de amanhã** [de'pois di aman'ja]

um diese Zeit	**a esta hora** [a 'esta 'ora]
von Zeit zu Zeit	**de vez em quando** [di wes eing 'kwando]
vor zehn Minuten	**há dez minutos** [a deis mi'nutos]
vorgestern	**anteontem** ['ante-'onteing]
vormittags	**de manhã** [di man'ja]

Wochentage

Montag	**segunda-feira** [se'gunda-'feira]
Dienstag	**terça-feira** ['tersa-'feira]
Mittwoch	**quarta-feira** ['kwarta-'feira]
Donnerstag	**quinta-feira** ['kinta-'feira]
Freitag	**sexta-feira** ['sesta-'feira]
Samstag	**sábado** ['sabado]
Sonntag	**domingo** [do'mingo]

Monate

Januar	**Janeiro** [scha'neiro]
Februar	**Fevereiro** [fewe'reiro]
März	**Março** ['marso]
April	**Abril** [a'briu]
Mai	**Maio** ['maio]
Juni	**Junho** ['schunjo]
Juli	**Julho** ['schuljo]
August	**Agosto** [a'gosto]
September	**Setembro** [se'tembro]
Oktober	**Outubro** [ou'tubro]
November	**Novembro** [no'wembro]
Dezember	**Dezembro** [de'sembro]

Jahreszeiten

Frühling	**Primavera** [prima'wera]
Sommer	**Verão** [we'rau]
Herbst	**Outono** [ou'tono]
Winter	**Inverno** [in'werno]

Feiertage

Neujahr	**Ano Novo** ['ano 'novo]
Karneval	**Carnaval** [karna'wau]
Karfreitag	**Sexta-feira da Paixão** ['sesta-'feira da pai'schau]
Ostern	**Páscoa** ['paskoa]
21. April	**Dia de Tiradentes** ['dschia di tira'deintsches]

Tag der Arbeit (1. Mai)	**Dia do Trabalho** ['dschia do tra'baljo]
Unabhängigkeitstag (7. Sept.)	**Dia da Independência** ['dschia da indepen'dänsia]
Mutter-Gottes-Fest (12. Okt.)	**Nossa Senhora Aparecida** ['noßa sen'jora apare'sida]
Allerseelen (2. Nov.)	**Dia de Finados** ['dschia di fi'nados]
Ausrufung zur Republik (15. Nov.)	**Proclamação da República** [proklama'sau da re'publika]
Weihnachten (25. Dez.)	**Natal** [na'tau]

Datum

Den Wievielten haben wir heute?	**Que data é hoje?** [ke 'data ä 'oschi]
Heute ist der 1. Mai.	**Hoje é primeiro de Maio.** ['oschi ä pri'meiro di 'maio]
Morgen ist der 2. Dezember.	**Amanhã é dois de Dezembro.** [aman'ja ä dois di de'sembro]

Wetter

Die Jahreszeiten verhalten sich umgekehrt wie in Europa. Im Süden mit einem gemäßigten, für Europäer angenehmen Klima kann es jedoch gelegentlich bis –10 Grad kalt werden. Der Norden mit seinem Feuchtklima ist fast immer heiß und schwül, täglicher Tropenregen am Amazonas gehört zum Alltag. Die angenehmsten Reisemonate sind Mai bis Oktober.

Es ist kalt/heiß/schwül.	**Está frio/calor/abafado.** [es'ta 'frio/ka'lor/aba'fado]
Es bleibt schön/schlecht.	**O tempo continua bom/mau.** [o tempo konti'nua bong/mau]
Es wird wärmer/kälter.	**Vamos ter mais calor / mais frio.** ['wamos ter mais ka'lor/mais 'frio]
Es soll regnen.	**Deve chover.** ['dewi scho'wer]
Es ist windig.	**Está ventando.** [es'ta wen'tando]
Der Himmel ist wolkenlos/bedeckt.	**O céu está limpo/nublado.** [o 'säu es'ta 'limpo/nu'blado]
Wie viel Grad haben wir heute?	**Quantos graus temos hoje?** ['kwantos graus 'temos 'oschi]

Es ist 33 Grad Celsius.	**Temos trinta e três graus.** ['temos 'trinta i tres graus]
Was für eine Hitze!	**Que calor!** [ke ka'lor]

bewölkt	**nublado** [nu'blado]
Blitz	**relâmpago** [re'lampago], **raio** ['raio]
Donner	**trovão** [tro'wau]
Ebbe	**maré baixa** [ma'rä 'baischa]
Eis	**gelo** ['schelo]
Flaute	**calma** ['kalma]
Flut	**a maré cheia** [a 'marä 'scheia]
Frost	**geada** [sche'ada]
heiß	**quente** ['keintschi]
glühend heiß	**ardente** [ar'deintschi]
Hitze	**calor** [ka'lor]
Hitzewelle	**onda de calor** ['onda di ka'lor]
kalt	**frio** ['frio]
Luft	**o ar** [ar]
nass	**molhado** [mol'jado]
Nebel	**neblina** [ne'blina]
Regen	**chuva** ['schuwa]
Regenschauer	**aguaceiro** [agwa'seiro]
Regenzeit	**a estação das chuvas** [esta'sau das 'schuwas]

Paraty, im Hintergrund die Kirche Santa Rita de Cassia

regnerisch	**chuvoso** [schu'woso]
schwül	**abafado** [aba'fado]
Sonne	**o sol** [sol]
sonnig	**ensolarado** [ensola'rado]

Temperatur	**temperatura** [tempera'tura]
warm	**quente** ['keintschi]
wechselhaft	**instável** [in'staweo]
Wetterbericht	**o boletim meteorológico** ['boletim meteoro'loschiko]
Wettervorhersage	**a previsão do tempo** [prewi'sau do 'tempo]
Wind	**vento** ['wento]
Wolke	**a nuvem** ['nuwein]

Farben

beige	**bege** ['bäschi]
blau	**azul** [a'sul]
braun	**marrom** [ma'hom], **castanho** [kas'tanjo]
gelb	**amarelo** [ama'relo]
golden	**dourado** [dou'rado]
grau	**cinza** ['sinsa]
grün	**verde** ['werdschi]
hellbraun	**castanho claro** [kas'tanjo 'klaro]
lila	**lilás** [li'las]
orange	**côr-de-laranja** [kor-di-la'ranscha]
purpurrot	**púrpura** ['purpura]
rosa	**côr-de rosa** [kor-di-'rosa]
rot	**vermelho** [wer'meljo]
weinrot	**côr-de-vinho** [kor-di-'winjo]
schwarz	**preto** ['preto], **negro** **['negro]**
silbern	**prateado** [prate'ado]
smaragdgrün	**esmeralda** [esme'ralda]
türkisfarben	**turquesa** [tur'kesa]
violett	**rôxo** ['roscho]
weiß	**branco** ['branko]
farbig	**colorido** [kolo'rido]
einfarbig	**só de uma cor** [so di 'uma kor]
hell …	**claro …** ['klaro]
dunkel …	**escuro …** [es'kuro]

Zwischenmenschliches

Begrüßung und Verabschiedung

Begrüßung

Beim ersten Kennenlernen gibt man sich wie in Europa förmlich die Hand. Kennt man sich näher, gibt es zur Begrüßung je ein Küsschen auf die rechte und linke Wange. Unter Männern klopft man seinem Gegenüber leicht umarmend auf die Schulter.

Willkommen!	**Bem vindo!** [beng 'windo]
Guten Morgen!	**Bom dia!** [bong 'dschia]
Guten Tag!	**Bom dia! / Boa tarde!** [bong 'dschia/'boa 'tardschi]
Guten Abend! / Gute Nacht!	**Boa noite!** ['boa 'noitschi]
Hallo!	**Oi!** [oi]
Wie ist Ihr Name, bitte?	**Como é o seu nome?** ['komo ä o 'seu 'nomi]
Wie heißt du?	**Como você se chama?** ['komo wo'se si 'schama]
Ich heiße …	**Chamo-me …** ['schamo mi]

Vorstellung

Darf ich bekannt machen? Das ist…	**Posso lhe apresentar? Este/Esta é…** ['poßo li apresen'tar. 'esti/'esta ä]
Frau X.	**a senhora X.** [a sen'jora]
Fräulein X.	**a Senhorita X.** [a senjo'rita]
Herr X.	**o senhor X.** [o sen'jor]
mein Freund.	**o meu amigo/namorado.** [o 'meu a'migo/namo'rado]
meine Freundin.	**a minha amiga/namorada.** [a 'minja a'miga/namo'rada]
Sehr erfreut, Sie kennen zu lernen.	**Muito prazer.** ['muito pra'ser]
Wie geht es Ihnen?	**Como vai?** ['komo 'wai]
Danke, gut.	**Bem, obrigado/a.** [beng obri'gado/a]

Abschied

Auf Wiedersehen!	**Até logo!** [a'tä 'logo], **Tchau! [tschau]**
Bis bald!	**Até breve!** [a'tä 'brewi]
Bis später!	**Até mais tarde!** [a'tä mais 'tardschi]
Bis morgen!	**Até amanhã!** [a'tä aman'ja]
Gute Nacht!	**Boa noite!** ['boa 'noitschi]
Tschüs!	**Tchau!** [tschau]
Gute Reise!	**Boa viagem!** ['boa wi'ascheing]
Ich lasse von mir hören.	**Eu mando notícias.** ['eu 'mando no'tisias]

Höflichkeit

Bitte und Dank

Ja.	**Sim.** [sinn]
Ja, bitte.	**Sim, por favor.** [sinn por fa'wor]
Nein, danke.	**Não, obrigado/a.** [nau obri'gado/a]
Gestatten Sie?	**Dá licença?** [da li'sensa]
Können Sie mir bitte helfen?	**Pode me ajudar, por favor?** ['podschi mi aschu'dar por fa'wor]
Danke.	**Obrigado./Obrigada.** [obri'gado/obri'gada]
Danke, sehr gern.	**Obrigado/a, com muito prazer.** [obri'gado/a kon 'muito pra'ser]
Das ist nett, danke.	**Obrigado/a, é muito amável.** [obri'gado/a ä 'muito a'maweo]
Bitte sehr. / Gern geschehen.	**De nada.** [di 'nada]

Entschuldigung

Entschuldigung!	**Desculpe!/Desculpa!** [des'kulpe/des'kulpa]
Das tut mir Leid.	**Sinto muito.** ['sinto 'muito]

Es war nicht so gemeint, wie ich es gesagt habe.	**Não era isso que eu queria dizer.** [nau 'era 'ißo ke 'eu ke'ria di'ser]
Wie schade!	**Que pena!** [ke 'pena]
Es ist leider nicht möglich.	**Infelizmente não é possivel.** [infelis'meintschi nau ä po'ßiweo]

Glückwunsch

Herzlichen Glückwunsch!	**Parabéns!** [para'beins]
Alles Gute!	**Tudo de bom!** ['tudo di bong]
Herzlichen Glückwunsch zum Geburtstag!	**Meus parabéns pelo seu aniversário!** ['meus para'beins 'pelo 'seu aniwer'sario]
Viel Vergnügen!	**Divirta-se!** [di'wirta-si]
Viel Glück!	**Boa sorte!** ['boa 'sortschi], **Felicidades!** [felisi'dadsches]

Meinung und Gefühle

Das gefällt mir (nicht).	**Isto (não) me agrada.** ['isto (nau) mi a'grada]
Ich möchte lieber …	**Prefiro …** [pre'firo]
Am liebsten wäre mir …	**O que mais me agradaria era …** [o ke mais mi agrada'ria e'ra]
Mit Vergnügen!	**Com muito prazer!** [kon 'muito pra'ser]
Prima!	**ótimo!** ['otschimo], **Super!** ['super]
Ich habe keine Lust dazu.	**Não me agrada.** [nau mi a'grada]
Ich will nicht.	**Não quero.** [nau 'kero]
Auf gar keinen Fall!	**De jeito nenhum!** [di 'scheito nen'jum]
Ich weiß noch nicht.	**Ainda não sei.** [a'inda nau sei]
Vielleicht.	**Talvez.** [tau'weis]
Wahrscheinlich.	**Provavelmente.** [prowaweo'meintschi]

Smalltalk

Angaben zur Person

Wie alt sind Sie / bist du?	**Quantos anos você tem?** ['kwantos 'anos wo'se teng]
Ich bin 39.	**Tenho trinta e nove anos.** ['tenjo 'trinta i 'nowi 'anos]
Was machen Sie / machst du beruflich?	**Qual é a sua profissão?** [kwau ä a 'sua profi'ßau]
Ich bin …	**Sou …** [sou]

Einige typisch brasilianische Berufe:

bicheiro [bi'scheiro]	Tier-Los-Verkäufer
borracheiro [boha'scheiro]	Reifenreparierer
camelô [kame'lo]	Straßenverkäufer
o/a cartomante [karto'mantschi]	Kartenleser/in
cigana [si'gana]	Handleserin
curandeiro/curandeira [kuran'deiro/kuran'deira]	Wunderheiler/in
dedetizador [dedetisa'dor]	Kammerjäger
o engraxate [engra'schati]	Schuhputzer
jogador de futebol [schoga'dor di fute'bol]	Fußballspieler
o lava-rápido ['lawa-'rapido]	Autoschnellwäscher
pipoqueiro [pipo'keiro]	Popkornverkäufer

Ich arbeite bei…	**Trabalho na…** [tra'baljo na]
Ich bin Rentner/in.	**Sou aposentado.** [sou aposen'tado]
Ich gehe noch zur Schule.	**Eu ainda estudo.** ['eu a'inda e'studo]
Ich bin Student/in.	**Sou estudante universitário/universitária.** [sou estu'dantschi uniwersi'tario/uniwersi'taria]
Ich studiere … in München.	**Estudo … em Munique.** [e'studo … eing mu'nik]
Welche Hobbies haben Sie / hast du?	**Quais são os seus passatempos?** [kwais sau os 'seus paßa'tempos]

Brasilianer schmücken sich gern mit klingenden Titeln. Wer mit Unterrichten sein Überleben sichert, wird stolz „Professor"" genannt. Ein Laiendarsteller, der eine private kleine Aufführung auf einem Marktplatz organisiert, avanciert zum Theaterproduzenten. So stellt auch jede Privatschule beeindruckende Zertifikate über die Teilnahme an Kursen aus.

Herkunft und Aufenthalt

Woher kommst du?	**De onde você vem?** [di 'ondschi wo'se wäng]
Ich komme aus Deutschland / Österreich / der Schweiz.	**Sou da Alemanha/Austria/Suíça.** [sou da ale'manja/'austria/'swißa]
Wie lange bist du schon hier?	**Há quanto tempo já está aqui?** [a 'kwanto 'tempo scha es'ta a'ki]
Ich bin seit … hier.	**Estou aqui há …** [es'tou a'ki a]
Bist du das erste Mal in Brasilien?	**É a primeira vez que você vem ao Brasil?** [ä a pri'meira wes ke wo'se wäng ao bra'siu]
Gefällt dir Brasilien?	**Você gosta do Brasil?** [wo'se 'gosta do bra'siu]
Es gefällt mir sehr gut.	**Gosto muito.** ['gosto 'muito]

Verabredung – Flirt

Wollen wir uns heute Abend treffen?	**Vamos nos encontrar hoje à noite?** ['wamos nos enkon'trar 'oschi a 'noitschi]
Willst du heute Abend mit mir essen gehen?	**Vamos jantar hoje?** ['wamos schan'tar 'oschi]

Ja, gerne.	**Sim, com prazer.** [sinn kon pra'ser]
Um wie viel Uhr?	**A que horas?** [a ke 'oras]
Ich komme um 8 Uhr.	**Virei às oito horas.** [wi'rei as 'oito 'oras]
Ich habe schon etwas anderes vor.	**Já tenho outra coisa para fazer.** [scha 'tenjo 'outra 'koisa 'para fa'ser]
Hast du einen Freund / eine Freundin?	**Você tem um namorado / uma namorada?** [wo'se teng um namo'rado/'uma namo'rada]
Ich mag dich.	**Eu gosto de você.** ['eu 'gosto di wo'se]
Ich liebe dich.	**Eu te amo.** ['eu ti 'amo]
Du bist wunderbar.	**Você é demais.** [wo'se ä di'mais]
Wollen wir spazieren gehen?	**Vamos passear um pouco?** ['wamos paße'ar um 'pouko]
Ich möchte dich gerne wieder sehen.	**Eu quero te ver de novo.** ['eu 'kero ti wer di 'nowo]
Wie ist Ihre …	**Qual é seu …** [kwau ä seu]
Telefonnummer?	**número do telefone?** ['numero do tele'foni]
Adresse?	**endereço?** [ende'reso]
Lass mich in Ruhe!	**Me deixa em paz!** [mi 'deischa eing pas]
Hau ab!	**Cai fora!** [kai 'fora]

Verständigungsschwierigkeiten

Wie bitte?	**Como?** ['komo]
Ich verstehe nicht. Bitte, wiederholen Sie / wiederhole es.	**Não compreendo. Pode repetir, por favor?** [nau kompre'endo. 'podschi repe'tschir por fa'wor]
Bitte sprechen Sie etwas langsamer.	**Pode falar um pouco mais devagar, por favor.** ['podschi fa'lar um 'pouko mais dewa'gar por fa'wor]
Ich verstehe.	**Entendo.** [en'tendo]

Sprechen Sie / Sprichst du…	**Você fala …** [wo'se 'fala]
Deutsch?	**alemão?** [ale'mau]
Englisch?	**inglês?** [ing'les]
Portugiesisch?	**português?** [portu'ges]
Ich spreche ein wenig…	**Falo um pouco de…** ['falo um 'pouko di]
Ich verstehe nichts.	**Não compreendo nada.** [nau kompre'endo 'nada]
Schreiben Sie / Schreibe es mir bitte auf!	**Escreva isso, por favor!** [es'krewa 'ißo por fa'wor]

Unterwegs

Fragen nach dem Weg

Ortsangaben

links	**à esquerda** [a es'kerda]
rechts	**à direita** [a di'reita]
geradeaus	**em frente** [eing 'freintschi], **direto** [di'räto]
vor	**defronte de** [di'frontschi di]
hinter	**atrás de** [a'tras di]
neben	**ao lado de** [ao 'lado di]
gegenüber	**em frente (de)** [eing 'freintschi (di)]
hier	**aqui** [a'ki]
dort	**ali** [a'li], **lá** [la], **aí** [a'i]
nah	**perto** ['perto]
weit	**longe** ['lonschi]
Ampel	**semáforo** [se'maforo]
Kreuzung	**cruzamento** [krusa'mento]
Kurve	**curva** ['kurwa]
Straße	**rua** ['rua], **estrada** [es'trada], **pista** ['pista]

Wegbeschreibung

Hat man sich verfahren und einen Passanten nach dem Weg gefragt, dann sollte man sich bei einem zweiten oder dritten nochmals vergewissern. Denn Brasilianer sind höflich und hilfsbereit und geben lieber eine falsche Auskunft als gar keine!

Wie komme ich nach …?	**Como se vai para …?** ['komo si wai 'para]
Fahren Sie geradeaus.	**Siga direto.** ['siga di'räto]
Halten Sie sich rechts/links.	**Vá para a direita/esquerda.** [wa 'para a di'reita/es'kerda]
Folgen Sie den Schildern.	**Siga as indicações das placas.** ['siga as indika'sois das 'plakas]

Sie sind falsch. Drehen Sie um. — **Você está errado/a. Precisa retornar.** [wo'se es'ta e'hado/a. pre'sisa retor'nar]

Wie weit ist es von hier nach...? — **Qual é a distância daqui à...?** ['kwau ä a dis'tansia da'ki a]

Ist dies die Küstenstraße nach...? — **Este é o caminho da praia para...?** ['esti ä o ka'minjo da 'praia 'para]

Ist die Straße nach ... in gutem Zustand? — **A estrada para ... está em boas condições?** [a es'trada 'para ... es'ta eing 'boas kondi'sois]

An der Grenze

Passkontrolle

Ihren Pass, bitte! — **O seu passaporte, por favor!** [o seu paßa'portschi por fa'wor]

Ihr Einreiseformular, bitte! — **O seu formulário de entrada, por favor!** [o seu formu'lario di en'trada por fa'wor]

Ich bleibe eine Woche / einen Monat. — **Eu fico uma semana / um mês.** ['eu 'fiko 'uma se'mana/um mes]

Zollkontrolle

Haben Sie etwas zu verzollen? — **O senhor / A senhora tem alguma coisa a declarar?** [o sen'jor/a sen'jora teng au'guma 'koisa a dekla'rar]

Nicht, dass ich wüsste. — **Nada que eu saiba.** ['nada ke 'eu sa'i-ba]

Was ist in diesem Koffer? — **O que tem nesta mala?** [o ke teng 'nesta 'mala]

Das sind alles nur Dinge für den persönlichen Gebrauch. — **São só coisas de uso pessoal.** [sau so 'koisas di 'uso peßo'au]

Ich habe nur Souvenirs. — **Eu só tenho lembranças.** ['eu so 'tenjo lem'bransas]

Personalien

Familienname	**sobrenome** ['sobri'-nomi]
Familienstand	**estado civil** [es'tado si'wiu]
ledig	**solteiro** [sol'teiro]
verheiratet	**casado** [ka'sado]
verwitwet	**viúvo** [wi'uwo]
Geburtsdatum	**data de nascimento** ['data di nasi'mento]
Geburtsname	**o nome de solteira** ['nomi di sol'teira]
Geburtsort	**o lugar de nascimento** [lu'gar di nasi'mento]
Staatsangehörigkeit	**a nacionalidade** [nasionali'dadschi]
Vorname	**o nome** ['nomi]
Wohnort	**domicilio** [domi'silio], **endereço** [ende'reso]

Grenze

Aufenthaltsdauer	**tempo de permanência** ['tempo di perma'nänsia]
Aufenthaltsgenehmigung	**visto de permanência** ['wisto di perma'nänsia]
Ausreise	**saída** [sa'ida]
Einreise	**entrada** [en'trada]
Führerschein	**carteira de motorista** [kar'teira di moto'rista]
Grenzübergang	**fronteira** [fron'teira]
gültig	**válido** ['walido]
internationaler Impfpass	**certificado internacional de vacina** [sertifi'kado internasio'nau di wa'sina]
Kinderausweis	**o passaporte da criança** [paßa'portschi da kri'ansa]
Passkontrolle	**o controle de passaporte** [kon'troli di paßa'portschi]
Personalausweis	**carteira de identidade** [kar'teira di identi'dadschi]
Reisepass	**o passaporte** [paßa'portschi]
Visum	**visto** ['wisto]
Zoll	**alfândega** [au'fandega]
zollfrei	**isento de taxas** [i'sento di 'taschas]
Zollgebühren	**as taxas alfandegárias** ['taschas aufande'garias]
zollpflichtig	**sujeito a taxas** [su'scheito a 'taschas]

Auto und Motorrad

Mit dem Auto Brasilien zu entdecken, ist sicher die individuellste und beeindruckendste Art zu reisen. Um auf dieses Abenteuer vorbereitet zu sein, sollten Sie Folgendes wissen:

- Fußgänger werden als Freiwild betrachtet – selbst der auffälligste Zebrastreifen wird ignoriert. Bei einem Stau fährt man schon mal auf dem Gehweg, um weiterzukommen.
- Man sollte an roten Ampeln in den Zentren der Metropolen auch bei der größten Hitze stets die Fenster geschlossen und den Sicherungsstift der Tür eingedrückt lassen, um sich gegen Überfälle zu schützen. Aus diesem Grund halten Brasilianer nachts auch grundsätzlich nicht an roten Ampeln, sondern geben Gas, soweit es die Verkehrslage ihrer Meinung nach erlaubt. Wenn man selber Grün hat, muss man also höllisch aufpassen!
- *Lombadas* oder *Obstáculos* sind durch zahlreiche Schilder rechtzeitig angekündigte gelb gestreifte Bodenschwellen auf der Fahrbahn. Sie sollen Rasern das Leben schwer machen. Geschwindigkeiten von 20 km/h genügen, um den Auspuff abzureißen. Gelegentlich sind sie jedoch auch unüberwindbar, und man muss einen Umweg nehmen.

An der Tankstelle ➢ auch Werkstatt, S. 35

Wo ist bitte die nächste Tankstelle?	**Onde fica o posto de gasolina mais próximo?** ['ondschi 'fika o posto di gaso'lina mais 'prosimo]
Wollen Sie Benzin oder Alkohol?	**Quer gasolina ou álcool?** [ker gaso'lina ou 'alkol]
Ich möchte …	**Eu quero …** ['eu 'kero]
20 Liter Benzin.	**vinte litros de gasolina.** [wintschi 'litros di gaso'lina]
für 20 Real Benzin.	**vinte reais de gasolina.** ['wintschi re'ais di gaso'lina]
Volltanken bitte.	**Encha o tanque, por favor.** ['enscha o 'tangi por fa'wor]

Beim Tanken bleiben Sie ruhig im Wagen sitzen und geben dem Tankwart die Schlüssel. Dieser kümmert sich ums Auftanken, den Ölstand und Reifendruck. Bezahlt wird bar oder mit Scheck und mit einem guten Trinkgeld. Diesel gibt es übrigens nur für gewerbliche Fahrzeuge.

Könnten Sie bitte ...	**Por favor, daria prá ...** [por fa'wor da'ria pra]
den Ölstand prüfen?	**verificar o óleo?** [werifi'kar o 'oleo]
den Reifendruck prüfen?	**balancear os pneus?** [balanse'ar os 'pneus]
die Scheiben putzen?	**limpar o vidro?** [lim'par o 'widro]
Ich möchte eine Straßenkarte dieser Gegend.	**Eu quero um mapa desta região.** ['eu 'kero um 'mapa 'desta reschi'au]
Wo sind die Toiletten?	**Onde fica o banheiro?** ['ondschi 'fika o ban'jeiro]

Parken

Zum Parken auf öffentlichen Parkplätzen in Metropolen sollten Sie bei einer Politesse einen *talão de estacionamento* kaufen. Er wird mit Datum und Uhrzeit versehen und am Innenspiegel befestigt.
Häufig wird der Wagen von jungen, selbst ernannten Parkwächtern bewacht, dabei gelegentlich gewaschen und auf Hochglanz gebracht. Bei Ihrer Rückkehr sollten Sie die "Wächter" aus den *Favelas* (Slums) angemessen entlohnen: der Schaden, den ein nachgeworfener Stein am Auto verursacht, steht in keinem Verhältnis zu ein paar Real.

Wo kann ich hier parken?	**Onde posso estacionar meu carro?** ['ondschi 'poßo estasio'nar 'meu 'kaho]
Kann ich den Wagen hier abstellen?	**Posso deixar o carro aqui?** ['poßo dei'schar o 'kaho a'ki]
Ist der Parkplatz bewacht?	**O estacionamento é vigiado?** [o estasiona'mento ä wischi'ado]
Wie hoch ist die Parkgebühr pro Stunde?	**Qual é o preço do estacionamento por hora?** [kwau ä o 'preso do estasiona'mento por 'ora]
Ist das Parkhaus die ganze Nacht geöffnet?	**O estacionamento está aberto toda a noite?** [o estasiona'mento es'ta a'berto 'toda a 'noitschi]

Eine Panne

Steht am Straßenrand, besonders nachts, ein defektes Auto und ein um Hilfe winkender Fahrer, dann heißt es Vollgas geben. Die Chance, dass diese Panne getürkt ist, steht eins zu eins.

Ich habe eine Panne.	**O carro quebrou.** [o 'kaho ke'brou]

Wo ist hier die nächste Werkstatt?	**Onde tem uma oficina mais próxima?** ['ondschi teng 'uma ofi'sina mais 'prosima]
Können Sie ...	**Por favor, pode...** [por fa'wor 'podschi]
mir helfen?	**me ajudar?** [mi aschu'dar]
mich zur nächsten Werkstatt mitnehmen?	**me levar até a oficina mais próxima?** [mi le'war a'tä a ofi'sina mais 'prosima]
mir einen Mechaniker / einen Abschleppwagen schicken?	**me mandar um mecânico / um carro-guincho?** [mi man'dar um me'kaniko/um 'kaho-'ginscho]
mir mit etwas Benzin aushelfen?	**arranjar um pouco de gasolina?** [ahan'schar um 'pouko di gaso'lina]

In der Werkstatt

Der Motor verliert Öl / springt nicht mehr an.	**O motor está vazando óleo / não pega mais.** [o mo'tor es'ta wa'sando 'oleo/nau 'pega mais]
... funktioniert nicht mehr.	**... não funciona mais.** [nau funsi'ona mais]
Können Sie das reparieren?	**Pode consertar isso?** ['podschi konser'tar 'ißo]
Wie viel wird die Reparatur kosten?	**Quanto vai custar o conserto?** ['kwanto wai kus'tar o kon'serto]
Wie lange wird die Reparatur dauern?	**Quanto tempo demora o conserto?** ['kwanto 'tempo de'mora o kon'serto]

Verkehrsunfall

Ich habe einen Unfall gehabt.	**Tive um acidente.** ['tiwi um asi'deintschi]
Rufen Sie ...	**Chame ...** ['schami]
die Polizei.	**a polícia.** [po'lisia]
die Feuerwehr.	**os bombeiros.** [os bom'beiros]
einen Krankenwagen.	**uma ambulancia.** ['uma ambu'lansia]
Sie haben die Vorfahrt nicht beachtet.	**O senhor / A senhora não respeitou a prioridade.** [o sen'jor/a sen'jora nau respei'tou a priori'dadschi]

Sie sind ...	**O senhor / A senhora...** [o sen'jor/a sen'jora]
zu schnell gefahren.	**ia depressa demais.** ['ia de'preßa di'mais]
bei Rot über die Ampel gefahren.	**passou com o sinal fechado.** [pa'ßou kon o si'nau fe'schado]
Können wir uns so einigen?	**Podemos chegar a um acordo?** [po'demos sche'gar a um a'kordo]
Meine Versicherung wird den Schaden regeln.	**A minha companhia de seguros regula a questão dos prejuízos.** [a 'minja kompan'ia di se'guros re'gula a kes'tau dos preschu'isos]
Vielen Dank für Ihre Hilfe.	**Muito obrigado/obrigada pela sua ajuda.** ['muito obri'gado/obri'gada 'pela 'sua a'schuda]

Ein typisch „brasilianisches" Gefährt

Auto- und Motorradvermietung

Die Tagessätze für Mietautos und Motorräder sind erheblich höher als bei uns. Erkundigen Sie sich unbedingt, ob das Auto benzin- oder alkoholbetrieben ist, und achten Sie auf das Profil der Reifen, häufig wird gerade daran gespart.

Ich möchte ... mieten.	**Quero alugar ...** ['kero alu'gar ..]
ein Auto	**um carro.** [um 'kaho]

einen Geländewagen	**um carro para todo tipo de terreno.** [um 'kaho 'para 'todo 'tipo di te'heno]
einen Käfer	**um fusca.** [um 'fuska]
ein Motorrad	**uma moto.** ['uma 'moto]
einen Motorroller	**uma lambreta/mobilete.** ['uma lam'breta/mobi'letschi]
ein Moped / ein Mofa	**uma mobilete.** ['uma mobi'letschi]
Welches ist das billigste Modell?	**Qual é o modelo mais barato?** [kwau ä o mo'dälo mais ba'rato]
Wie viel kostet es pro Tag/ Woche?…	**Quanto custa por dia/semana?** ['kwanto 'kusta por 'dschia/se'mana]
Sind die Kilometer inbegriffen?	**A quilometragem está incluída?** [a kilome'trascheing es'ta inklu'ida]
Ist eine Vollkaskoversicherung eingeschlossen?	**O seguro total está incluído?** [o se'guro to'tau es'ta inklu'ido]
Sie müssen eine Kaution von … Dollar hinterlegen.	**Você precisa pagar uma caução de … dólares.** [wo'se pre'sisa pa'gar 'uma kau'sau di … 'dolares]
Wo kann ich das Auto wieder abgeben?	**Onde posso devolver o carro?** ['ondschi 'poßo dewol'wer o 'kaho]

Auf der Transamazônica

Die *Transamazônica*, von Fernfahrern auch *Transamargura* (Straße der Tränen) genannt, ist nur zwischen Juli und Dezember befahrbar. Nach 3000 km endet sie im Morast. Dieses Abenteuer sollte nur gemeinsam mit brasilianischen Freunden in Angriff genommen werden.

Ich möchte die Strecke nach … fahren.	**Eu quero ir para…** ['eu 'kero ir 'para]
Ist die Straße …	**A estrada é …** [a es'trada ä]
in gutem Zustand?	**boa?** ['boa]
asphaltiert?	**asfaltada?** [asfau'tada]
Gibt es momentan starke Regenfälle?	**Há muitas chuvas fortes nesta época?** [a 'muitas 'schuwas 'fortsches 'nesta 'äpoka]
Hat die Straße viele Schlaglöcher?	**A estrada tem muitos buracos?** [a es'trada teng 'muitos bu'rakos]

Können Sie mir einen Reservekanister leihen?	**Você pode me emprestar um galão de reserva?** [wo'se 'podschi mi empre-s'tar um ga'lau di re'serwa]
Können Sie das Auto aus dem Schlamm ziehen?	**Você pode me ajudar a desatolar o carro da lama?** [wo'se 'podschi mi aschu'dar a desato'lar o 'kaho da 'lama]
Gibt es einen anderen Weg, nach ... zu kommen?	**Existe um outro caminho para chegar em ...?** [e'sistschi um 'outro ka'minjo 'para sche'gar eing]

Abblendlicht	**faróis baixos** [fa'rois 'baischos]
Abschleppdienst	**serviço de guincho** [ser'wiso di gin'scho]
abschleppen	**guinchar** [gin'schar]
Abschleppseil	**cabo de reboque** ['kabo di re'boki]
Abschleppwagen	**carro de guincho** ['kaho di gin'scho]
Achse	**eixo** ['eischo]
Alarmanlage	**o alarme** [a'larmi]
Allradantrieb	**a tração nas quatro rodas** [tra'sau nas 'kwatro 'rodas]
Anlasser	**o motor de arranque** [mo'tor di a'hanki]
Auspuff	**escapamento** [eskapa'mento]
Autobahn	**a auto-estrada** ['auto-es'trada]
Autobahngebühr	**pedágio** [pe'daschio]
Automatikgetriebe	**marcha automática** ['marscha auto'matika]
Benzinkanister	**galão** [ga'lau]
Benzinpumpe	**bomba de gasolina** [bomba di gaso'lina]
Blinker	**o pisca-pisca** ['piska-'piska]
Bremse	**freio** ['freio]
Bremsflüssigkeit	**líquido dos freios** ['likido dos 'freios]
Bremslichter	**as luzes dos freios** [as 'luses dos 'freios]
Bußgeld	**multa** ['multa]
Defekt	**defeito** [de'feito], **falha ['falja]**
Ersatzrad	**roda sobressalente** ['roda sobreßa'leintschi]
Fahrrad	**bicicleta** [bisi'kleta]
Fernlicht	**a luz alta** [lus 'auta]
Führerschein	**carteira de motorista** [kar'teira di moto'rista]
Gang	**marcha** ['marscha]
erster Gang	**primeira marcha** [pri'meira 'marscha]
Leerlauf	**ponto morto** ['ponto 'morto]
Rückwärtsgang	**marcha ré** ['marscha rä]
Gaspedal	**acelerador** [aselera'dor]
Getriebe	**caixa de mudança** ['kaischa di mu'dansa]

Handbremse	**freio de mão** ['freio di mau]
Hupe	**buzina** [bu'sina]
Klimaanlage	**o ar condicionado** [ar kondisio'nado]
Kofferraum	**porta-mala** ['porta-'mala]
Kühler	**radiador** [radia'dor]
Kühlwasser	**água de refrigeração** ['agwa di refrischera'sau]
Kupplung	**a embreagem** [embre'ascheing]
Kurzschluss	**curto-circuito** ['kurto-sir'kuito]
Landstraße	**estrada** [es'trada]
Lastwagen	**caminhão** [kamin'jau]
Lichtmaschine	**dínamo** ['dinamo]
Luftfilter	**filtro de ar** ['filtro di ar]
Motor	**motor** [mo'tor]
Motorhaube	**o capô** ['kapo]
Öl	**óleo** ['oleo]
Ölfilter	**filtro do óleo** ['filtro do 'oleo]
Ölwechsel	**troca de óleo** ['troka di 'oleo]
Panne	**defeito, falha** [de'feito 'falja]
Pannendienst	**serviço mecânico** [ser'wiso me'kaniko]
Papiere	**os papeís, os documentos** [pa'peis doku'mentos]
Parkplatz	**estacionamento** [estasiona'mento]
Promille	**o nível de álcool no sangue** ['niweu di 'alkol no 'sangi]
Rad	**roda** ['roda]
Radarkontrolle	**a velocidade controlada por radar** [welosi'dadschi kontro'lada por ra'dar]
Reifen	**o pneu** ['pneu]
Rücklicht	**as luzes traseiras** [as 'luses tra'seiras]
Rückspiegel	**retrovisor** [retrowi'sor]
Scheibenwischer	**limpador de pára-brisas** [limpa'dor di 'para-'brisas]
Scheinwerfer	**o farol** [fa'rol]
Schiebedach	**teto solar** ['täto so'lar]
Schraube	**parafuso** [para'fuso]
Sicherheitsgurt	**cinto de segurança** ['sinto di segu'ransa]
Standlicht	**alerta** [a'lerta]
Starthilfekabel	**cabo da bateria** ['kabo da bate'ria]
Stau	**engarrafamento** [engahafa'mento]
Stoßstange	**o pára-choques** ['para-'schokis]
Straßenbenutzungsgebühr	**pédagio** [pe'daschio]
Straßenkarte	**o mapa das estradas** ['mapa das es'tradas]
Sturzhelm	**o capacete** [kapa'setschi]
Tachometer	**o velocímetro** [welo'simetro]
Tank	**tanque** ['tanki]
trampen	**pedir carona** [pe'dschir ka'rona]
Tramper	**o carona** [ka'rona]

Umleitung — **desvio** [des'wio]
Vollkasko — **seguro total** [se'guro to'tau]
Wagenheber — **macaco** [ma'kako]
Warnblinker — **o pisca-pisca** ['piska-'piska]
Warndreieck — **triângulo** [tri'angulo]
Wegweiser — **indicador de caminhos** [indika'dor di ka'minjos]
Werkstatt — **oficina** [ofi'sina]
Werkzeug — **ferramenta** [feha'menta]
Windschutzscheibe — **o pára-brisa** ['para-'brisa]
Zündkerze — **vela** ['wäla]
Zündschlüssel — **a chave de ignição** ['schawi di igni'sau]
Zündung — **a ignição** [igni'sau]

Flugzeug

Im Reisebüro – Am Flughafen

Während man vor einigen Jahren Brasilien noch für wenig Geld durchjetten konnte, haben die Flugpreise mittlerweile stark angezogen und sind teurer als in Europa. Jetzt macht sich der in Deutschland erworbene Airpass in Verbindung mit dem internationalen Flugticket bezahlt, mit dem man 5 Strecken von beliebiger Länge, jeweils einfach und ohne Unterbrechung, innerhalb von 3 Wochen befliegen kann. Jede weitere Strecke kostet extra.
Oft bieten die brasilianischen Linien *VARIG*, *VASP* und *TRANSBRASIL* so genannte *pacotes* (Pakete) an, die einen zusätzlichen kostenlosen Flug oder eine kostenlose Übernachtung in einem 5-Sterne-Hotel enthalten.
Bei Nachtflügen kann man bis zu 25% sparen; nur ist es nicht jedermanns Sache, früh um 3 Uhr auf einem fremden Flughafen in einer unbekannten Stadt anzukommen.

Wo gibt es hier ein Büro der …? — **Onde tem uma agência da …?** ['ondschi teng 'uma a'schänsia da]

Gibt es heute einen Flug nach …? — **Há vôo hoje para …?** [a wou 'oschi 'para]

Ich möchte einen Flug nach … — **Eu quero marcar um vôo para …** ['eu 'kero mar'kar um wou 'para]

Wie viel kostet ein einfacher Flug / Hin- und Rückflug nach …? — **Quanto custa uma passagen de ida / de ida de volta para …?** ['kwanto 'kusta 'uma pa'ßascheing di 'ida/di 'ida i 'wolta 'para]

Ich möchte zwei Tickets nach … — **Eu quero dois bilhetes para …** ['eu 'kero 'dois bil'jetsches 'para]

Ich besitze den Airpass.	**Tenho o Airpass.** ['tenjo o 'ärpaß]
Ich möchte den Flug nach ... umbuchen.	**Eu quero mudar o vôo para...** ['eu 'kero mu'dar o wou 'para]
Wann muss ich am Flughafen sein?	**Quando devo estar no aeroporto?** ['kwando 'dewo es'tar no aero'porto]
Kann ich das als Handgepäck mitnehmen?	**Posso levar isto como bagagem de mão?** ['poßo le'war 'isto 'komo ba'gascheing di mau]

Ankunft ➢ auch Fundbüro, S. 131

Mein Gepäck ist verloren gegangen.	**A minha bagagem se perdeu.** [a 'minja ba'gascheing si per'deu]
Mein Koffer ist beschädigt worden.	**A minha mala foi violada.** [a 'minja 'mala foi wio'lada]
Von wo fährt der Bus zum Stadtzentrum ab?	**De onde parte o ônibus para o centro?** [di 'ondschi 'partschi o 'onibus 'para o 'sentro]

➢ auch Überlandbus, S. 44

Abflug	**a decolagem** [deko'lascheing], **partida** [par'tida]
Airpass	**o airpass** ['ärpaß]
Ankunft	**chegada** [sche'gada]
Ankunftszeit	**hora de chegada** ['ora di sche'gada]
Anschluss	**a conexão** [konek'sau]
annullieren	**cancelar** [kanse'lar]
Bordkarte	**o cartão de embarque** [kar'tau di em'barki]
Direktflug	**vôo direto** [wou di'räto]
einchecken	**fazer o check-in** [fa'ser o scheck-in]
Flug	**vôo** [wou]
Fluggesellschaft	**companhia de aviação** [kompa'nia di awia'sau]
Flughafen	**aeroporto** [aero'porto]
Flughafenbus	**o ônibus do aeroporto** ['onibus do aero'porto]
Flughafengebühr	**taxa de aeroporto** ['tascha di aero'porto]
Flugsteig	**portão de embarque** [por'tau di em'barki]
Flugzeug	**avião** [awi'au]
Gepäck	**a bagagem** [ba'gascheing]
Gepäckabfertigung	**despacho de bagagem** [des'pascho di ba'gascheing]
Gepäckausgabe	**entrada da bagagem** [en'trada da ba'gascheing]

Gepäckwagen	**carrinho porta-bagagem** [ka'hinjo 'porta-ba'gascheing]
Handgepäck	**a bagagem de mão** [ba'gascheing di mau]
Inlandsflug	**vôo doméstico** [wou do'mestiko]
Landung	**a aterrisagem** [atehi'sascheing]
Luftsicherheitsgebühr	**taxa de segurança** ['tascha di segu'ransa]
Nachtflug	**vôo à noite** [wou a 'noitschi]
Notausgang	**saída de emergência** [sa'ida di emer'schänsia]
Notlandung	**a aterrisagem forçada** [atehi'sascheing for'sada]
Notrutsche	**o tobogã de emergência** [tobo'ga di emer'schänsia]
Passagier	**passageiro** [paßa'scheiro]
planmäßiger Abflug	**partida conforme o horário** [par'tida kon'formi o o'rario]
Schwimmweste	**o colete salva-vidas** [ko'letschi 'sauwa-'widas]
Sicherheitskontrolle	**o controle de segurança** [kon'troli di segu'ransa]
Steward/ess	**comissário** [komi'ßario], **aeromoça** [aero'mosa]
stornieren	**cancelar** [kanse'lar]
umbuchen	**mudar o voo** [mu'dar o wou]
Verspätung	**atraso** [a'traso]
zollfreier Laden	**free shop** [fri schop]
Zwischenlandung	**escala** [es'kala]

Bei Cumbuco, Fortaleza

Überlandbus

Die Eisenbahn fährt nur im Süden Brasiliens und stellt für Touristen kein wichtiges Transportmittel dar. Um die großen Entfernungen innerhalb Brasiliens zu überbrücken, sind Überlandbusse daher eine preiswerte, schnelle und komfortable Alternative zum Flugzeug. Bei den immensen Entfernungen können die Fahrten allerdings sehr lange dauern: Rio – Salvador 28 h, Rio – Recife 38 h und Rio – Belem 70h.
Für längere Strecken empfiehlt es sich, das Ticket schon einige Tage vor der Abfahrt im *Rodoviária* (Busbahnhof) zu kaufen. Während einer Überlandfahrt halten die Busse alle paar Stunden an Rastplätzen oder an *Rodoviárias*, wo man essen, einkaufen und die sanitären Einrichtungen benutzen kann.

Am Busbahnhof

Wo ist der Busbahnhof?	**Onde é a estação rodoviária?** ['ondschi ä a esta'sau rodowi'aria]
Welcher Bus fährt nach …?	**Qual é o ônibus que vai para …?** [kwau ä o 'onibus ke wai 'para]
Wo fährt der Bus nach … ab?	**De que plataforma parte o ônibus para …?** [di ke plata'forma 'partschi o 'onibus 'para]
Hält hier der Bus nach …?	**O ônibus para … passa por aqui?** [o 'onibus 'para … 'paßa por a'ki]
Was kostet die Fahrt nach …?	**Quanto custa a passagen para …?** ['kwanto 'kusta a pa'ßascheing 'para]

Die so genannten *Leitos* sind Liege-Luxusbusse mit nur halb so vielen Sitzplätzen. Solche Busse werden häufig von einem Steward begleitet, sind äußerst komfortabel und bis zu dreimal so teuer.

Ich möchte zwei Fahrscheine.	**Eu quero duas passagens.** ['eu 'kero 'duas pa'ßascheins]
Es gibt keine freien Plätze mehr.	**Não temos mais lugar.** [nau 'temos mais lu'gar]
Wo muss ich umsteigen?	**Onde tenho de mudar?** ['ondschi 'tenjo di mu'dar]
Wie lange dauert die Fahrt?	**Quanto tempo demora a viagen?** ['kwanto 'tempo de'mora a wi'ascheing]

Im Bus

Verzeihung, ist dieser Platz noch frei?	**Desculpe, este lugar está livre?** [des'kulpe 'esti lu'gar es'ta 'liwre]
Dies ist mein Platz.	**Este é meu lugar.** ['esti ä 'meu lu'gar]
Darf ich das Fenster öffnen/schließen?	**Posso abrir/fechar a janela?** ['poßo a'brir/fe'schar a scha'nela]
Wann kommen wir in … an?	**Quando chegaremos em…?** ['kwando schega'remos eing]
Wie lange haben wir hier Aufenthalt?	**Quanto tempo paramos aqui?** ['kwanto 'tempo pa'ramos a'ki]
Ich möchte aussteigen.	**Eu quero descer.** ['eu 'kero de'ser]
Können Sie mir mein Gepäck herausreichen?	**Pode me dar a minha bagagem?** ['podschi mi dar a 'minja ba'gascheing]

Beim Warenkauf vom Busfenster aus sollte man grundsätzlich erst die Ware in Empfang nehmen und dann bezahlen.

➢ **auch Flugzeug, S. 41**

Abfahrt	**partida** [par'tida]
Ankunft	**chegada** [sche'gada]
Aufenthalt	**demora** [de'mora]
aussteigen	**descer** [de'ser]
Bahnsteig	**plataforma** [plata'forma]
buchen	**marcar** [mar'kar]
Bus	**o ônibus** ['onibus]
Busbahnhof	**estação rodoviária** [esta'sau rodowi'aria]
Busgesellschaft	**companhia de ônibus** [kompa'nia di 'onibus]
Buslinie	**linha de ônibus** ['linja di 'onibus]
einsteigen	**entrar** [en'trar], **subir [su'bir]**
Endstation	**ponto final** ['ponto fi'nau]
Fahrkarte	**a passagem** [pa'ßascheing]
Fahrkartenschalter	**bilheteria** [biljete'ria]
Fahrplan	**horário (de partida)** [o'rario (di par'tida)]
Fahrpreis	**preço da passagem** ['preso da pa'ßascheing]
Fensterplatz	**o lugar na janela** [lu'gar na scha'nela]
Gang	**corredor** [kohe'dor]
Gepäck	**bagagem** [ba'gascheing]
Gepäckaufbewahrung	**o guarda volumes** [gu'arda wo'lumes]

Gepäckschalter	**o guichê da bagagem** [gi'sche da ba'gascheing]
Haltestelle	**ponto de ônibus** ['ponto di 'onibus]
hinten	**atrás** [a'tras]
Platz	**o lugar** [lu'gar]
Reservierung	**reserva** [re'serwa]
Toilette	**banheiro** [ban'jeiro]
vorn	**na frente** [na 'freintschi]
Wartesaal	**sala de espera** ['sala di e'spera]

Schiff

In Amazonien ist das Schiff oft die einzige Verkehrsverbindung zwischen kleineren Städten. Auf einfacheren Schiffen hängt man einfach auf dem Oberdeck seine Hängematte auf, in der man die Reise verbringt. Hier bekommt man die ungehemmte brasilianische Lebensfreude zu spüren.
Auf die Schiffsreise, die oft mehrere Tage dauern kann, sollte man ausreichend Proviant wie Obst, Früchte und Getränke mitnehmen.

Auskunft

Gibt es ein Boot nach ...?	**Tem um barco para ...?** [teng um 'barko 'para]
Wo/Wann fährt das nächste Schiff / die nächste Fähre nach ... ab?	**De onde / Quando parte o próximo navio / a próxima barca para ...?** [di 'ondschi/'kwando 'partschi o 'prosimo na'wiu/a 'prosima 'barka 'para]

Wann legen wir in ... an?	**Quando chegamos a...?** ['kwando sche'gamos a]
Wie lange haben wir Aufenthalt in...?	**Quanto tempo ficamos em...?** ['kwanto 'tempo fi'kamos eing]
Kann man dort an Land gehen?	**Podemos descer lá?** [po'demos de'sar la]
Ich möchte eine Schiffskarte nach...	**Quero uma passagem para...** ['kero 'uma pa'ßascheing 'para]
Ich möchte eine Karte für die Rundfahrt um ... Uhr.	**Quero uma passagem para a excursão das ... horas.** ['kero 'uma pa'ßascheing 'para a eskur'sau das ...'oras]

An Bord

Wann legen wir ab?	**Quando saímos?** ['kwando sa'imos]
Wo ist meine Kabine?	**Onde fica minha cabine?** ['ondschi 'fika 'minja ka'bini]
Wo kann ich meine Hängematte befestigen?	**Onde posso pendurar minha rede?** ['ondschi 'poßo pendu'rar 'minja 'redschi]
Ich fühle mich nicht wohl.	**Não me sinto bem.** [nau mi 'sinto beng]
Rufen Sie bitte den Schiffsarzt!	**Chame o médico de bordo, por favor!** ['schami o 'mädschiko di 'bordo por fa'wor]
Geben Sie mir bitte ein Mittel gegen Übelkeit.	**Pode-me dar um remédio contra enjôo, por favor?** ['podschi-mi dar um re'medio 'kontra en'schou, por fa'wor]

„ auch Flugzeug, S. 41, und Überlandbus, S. 44

ablegen	**partir** [par'tschir], **sair [sa'ir]**
anlaufen	**fazer escala em** [fa'ser es'kala eing]
anlegen in	**atracar em** [atra'kar eing]
Buchung	**reserva** [re'serwa]
Deck	**coberta** [ko'berta]
Fähre	**barco** ['barko], **ferry-boat ['fehi-botsch]**
Autofähre	**barca** ['barka]
Festland	**terra firme** ['täha 'firmi]
Hafen	**porto** ['porto]
Kabine	**cabine** [ka'bini]
Kreuzfahrt	**cruzeiro** [kru'seiro]
Küste	**o litoral** [lito'rau]

Landausflug	**a excursão** [eskur'sau]
Luftkissenboot	**o bote** ['botschi]
Passagier	**passageiro** [paßa'scheiro]
Rettungsboot	**barco salva-vidas** ['barko 'sauwa-'widas]
Rettungsring	**bóia salva-vidas** ['boia 'sauwa-'widas]
Rundfahrt	**volta, excursão** ['wolta eskur'sau]
Schwimmweste	**o colete salva-vidas** [ko'letschi 'sauwa-'widas]
Seegang	**a ondulação** [ondula'sau]
seekrank	**enjoado** [enscho'ado]
Überfahrt	**travessia** [trawe'ßia]

Nahverkehrsmittel ➤ auch Überlandbus, S. 44

Wo ist die nächste...	**Onde é a ... mais próxima?** ['ondschi ä a ... mais 'prosima]
Bushaltestelle?	**parada de ônibus** [pa'rada di 'onibus]
U-Bahnstation?	**estação do metrô** [esta'sau do me'tro]
Welcher Bus fährt nach...?	**Qual é o ônibus que vai para...?** [kwau ä o 'onibus ke wai 'para]

Wer gute Nerven und einen guten Magen hat, der sollte unbedingt einmal mit den Stadtbussen in Rio oder São Paulo fahren. Da diesen Bussen die Hupen demontiert wurden, lassen sie permanent den Motor aufheulen, um auf sich aufmerksam zu machen oder Gefahr zu signalisieren.
Die Busfrequenz in den Metropolen ist sehr dicht, an den Bushaltestellen gibt es jedoch keinen Routenplan, keine Informationen über das Streckennetz oder gar Abfahrtzeiten. Wenn ein Bus kommt, winkt man ihn heran.

Welcher Bus fährt in die Nähe der ...-Straße?	**Que ônibus passa perto da Rua...?** [ke 'onibus 'paßa 'perto da 'rua]
Welche Nummer hat er?	**Qual é o número dele?** [kwau ä o 'numero 'deli]
Was steht auf dem Bus?	**O que está escrito no ônibus?** [o ke es'ta es'krito no 'onibus]
Wohin fährt dieser Bus?	**Para onde vai este ônibus?** ['para 'ondschi wai 'esti onibus]
Hält hier der Bus Nummer...?	**O ônibus número ... passa por aqui?** [o 'onibus 'numero ... 'paßa por a'ki]

Was kostet die Fahrt?	**Quanto custa a passagem?** ['kwanto 'kusta a pa'ßascheing]
Zwei Fahrscheine, bitte.	**Duas passagens, por favor.** ['duas pa'sascheings por fa'wor]
Wo muss ich umsteigen?	**Onde devo descer?** ['ondschi 'dewo de'ser]
Sagen Sie mir, wenn wir dort sind?	**Você pode me dizer, quando a gente chega lá?** [wo'se 'podschi mi di'ser 'kwando a 'scheintschi 'schega la]

Taxi

Taxifahrer haben in Brasilien keinen guten Ruf. Die meisten sind Raser, weshalb man auch nie zu einem Fahrer sagen sollte, dass man es eilig hat.
Die Endsumme auf dem Taxameter ist nicht der endgültige Betrag, sondern Einheiten, die mit einem Faktor multipliziert werden müssen. Die Fahrer sind verpflichtet, hinten im Wagen an den Scheiben Listen der Taxi-Innung anzubringen, aus denen der Tourist ersehen kann, wie viel er tatsächlich bezahlen muss. Bevor man mit dem Taxi fährt, sollte man sich unbedingt erkundigen, was die Fahrt in etwa kosten wird.

Wo gibt es hier ein Taxi?	**Onde há um táxi?** ['ondschi a um 'taxi]
Ich möchte ein Funktaxi bestellen.	**Eu quero chamar um rádio-táxi.** ['eu 'kero scha'mar um 'radiotaxi]
Sind Sie frei?	**Você está livre?** [wo'se es'ta 'liwri]
Fahren Sie mich zu …	**Me leve para …** [mi 'lewi 'para]
Wie viel wird es ungefähr kosten?	**Quanto custa mais ou menos?** ['kwanto 'kusta mais ou 'menos]

Es ist sinnvoll, mit dem Fahrer zu handeln und einen Festpreis zu vereinbaren, wenn man in etwa weiß, was die Strecke kosten darf. Am billigsten sind die gelben Käfer-Taxis, auch *Fusca* genannt. Sie stehen an jeder Straßenecke und haben oft Jahrzehnte auf dem Buckel.
Bei den Funktaxis ist der Fahrpreis von vornherein festgelegt. Diese luxuriösen und sehr gepflegten Fahrzeuge kosten jedoch bis zu dreimal so viel wie die guten alten *Fuscas*.

Das ist zu teuer.	**É caro demais.** [ä 'karo di'mais]
Ich zahle nur 10 Real.	**Só pago dez reais.** [so 'pago deis re'ais]

Rasen Sie bitte nicht so.	**Não corra.** [nau 'koha]
Halten Sie bitte.	**Pare por favor.** ['pari por fa'wor]
Was macht es?	**Quanto custa?** ['kwanto 'kusta]
Behalten Sie den Rest.	**O resto é para você.** [o 'resto ä 'para wo'se]

Zu Fuß

Als Tourist sollte man so wenig Geld wie möglich bei sich tragen und in den größeren Städten grundsätzlich auf das Tragen von Armbanduhren und Schmuck verzichten. Die Armut ist groß, und Diebe haben nichts zu verlieren.

Bitte, wo ist ...?	**Onde fica ..., por favor?** ['ondschi 'fika por fa'wor]
Gehen Sie geradeaus.	**Siga em frente.** ['siga eing freintschi]
Gehen Sie nach links/rechts.	**Vire à esquerda/direita.** ['wiri a es'kerda/di'reita]
Überqueren Sie die Brücke / den Platz / die Straße.	**Atravesse a ponte / a praça / a rua.** [atra'wäßi a 'pontschi/a 'prasa/a 'rua]
Ist es weit?	**É longe?** [ä 'lonschi]
Können Sie mir das auf dem Stadtplan zeigen?	**Pode me mostrar isso no guia da cidade?** ['podschi mi mos'trar 'ißo no 'gia da si'dadschi]

Abfahrt	**partida** [par'tida]
Bus	**o ônibus** ['onibus]
Busbahnhof	**a estação rodoviária** [esta'sau rodowi'aria]
einsteigen	**entrar, subir** [en'trar su'bir]
Endstation	**o terminal** [termi'nau]
Fahrplan	**hórario** [o'rario]
Fahrpreis	**preço da passagem** ['preso da pa'ßascheing]
Fahrschein	**o bilhete** [bil'jetschi]
Fußgängerzone	**zona para pedestres** ['sona 'para pe'destres]
Gasse	**rua** ['rua], **travessa [tra'weßa]**
halten	**parar** [pa'rar]
Haltestelle	**parada** [pa'rada]
Hauptstraße	**rua principal** ['rua prinsi'pau]
Hauptverkehrszeit	**as horas de maior movimento** ['oras di mai'or mowi'mento]

Haus	**casa** ['kasa]
Hausnummer	**número da casa** ['numero da 'kasa]
Kilometerpreis	**preço por quilômetro** ['preso por ki'lometro]
Kontrolleur	**cobrador** [kobra'dor]
Nahverkehrszug	**o trem suburbano** [treing subur'bano]
Park	**o parque** ['parki]
Pauschalpreis	**preço total** ['preso to'tau]
Quittung	**recibo** [re'sibo]
Richtung	**a direção** [dire'sau]
Sammeltaxi	**o táxi coletivo** ['taxi kole'tiwo]
S-Bahn	**o trem suburbano** [treing subur'bano]
Schaffner	**cobrador** [kobra'dor]
Stadtbus	**o ônibus** ['onibus]
Stadtteil	**bairro** ['baiho]
Straße	**rua** ['rua]
Straßenbahn	**o bonde** ['bondschi]
Taxifahrer	**o taxista** [ta'xista], **o taxeiro [ta'xeiro]**
Taxistand	**ponto de táxis** ['ponto di 'taxis]
Trinkgeld	**gorjeta** [gor'scheta]
U-Bahn	**o metrô** [me'tro]
Überlandbus	**o ônibus interurbano** ['onibus interur'bano]
Vorort	**subúrbio** [su'burbio]
Zentrum	**centro** ['sentro]

Reisen mit Kindern

Brasilianer lieben Kinder über alles, was auf Europäer oftmals etwas übertrieben wirkt. Kinder werden so akzeptiert wie sie sind und genießen absolute Narrenfreiheit. Sie feiern bei allen Festen so lange mit, bis sie vor Erschöpfung einschlafen.
Dennoch ist die Infrastruktur Brasiliens in Bezug auf Kinder keineswegs perfekt. Nicht auf jedem Rastplatz gibt es eine Wickelkommode oder einen Stillraum. Man muss deshalb oft improvisieren, aber stets werden einem freundliche Brasilianer helfen.
Nicht in allen Restaurants gibt es Hochstühle für die Kleinen. Aber der Kellner wird so viele Kissen bringen, bis das Kind zwar wackelig sitzt, aber dennoch wie ein König thront.

Nützliches für hier und dort

Gibt es hier einen Kinderspielplatz?	**Há aqui um parque infantil?** [a a'ki um 'parki infan'tiu]
Gibt es hier Kinderbetreuung?	**Há aqui baby sitting?** [a a'ki 'beibi 'sitting]
Ab welchem Alter?	**A partir de que idade?** [a par'tschir di ke i'dadschi]
Haben Sie ein Babyfon?	**Tem um interfone para bebés?** [teng um inter'foni 'para be'bes]
Gibt es Veranstaltungen für Kinder?	**Há atividades para as crianças?** [a ativi'dadschis 'para as kri'asas]
Bekommen Kinder eine Ermäßigung?	**Há desconto para crianças?** [a des'konto 'para kri'asas]
Wo bekomme ich Windeln?	**Onde posso comprar fraldas?** ['ondschi 'poßo kom'prar 'fraudas]

Unterwegs

Wir reisen mit Kind. Können wir einen Platz ganz vorn bekommen?	**Vamos com uma criança. Pode-nos dar um lugar bem à frente?** ['wamos kon 'uma kri'ansa. 'podschi nos dar um lu'gar beng a 'freintschi]
Haben Sie vielleicht Stifte und Papier/ ein Malbuch?	**Tem por acaso lápis e papel / um caderno para colorir?** [teng por a'kaso 'lapis i pa'päu / um ka'derno 'para kolo'rir]
Verleihen Sie Kinderautositze?	**Aluga assentos de carros para criança?** [a'luga a'ßentos di 'kahos 'para kri'ansas]

Im Restaurant

Bringen Sie bitte noch einen Kinderstuhl.	**Traga mais uma cadeira para criança, por favor.** ['traga mais 'uma ka'deira 'para kri'ansas por fa'wor]
Gibt es auch Kinderportionen?	**Há também porçoes para crianças?** [a tam'bein por'ßois 'para kri'ansas]
Könnten Sie mir bitte das Fläschchen warm machen?	**Pode-me aquecer a mamadeira, por favor?** ['podschi me ake'ser a mama'deira por fa'wor]
Gibt es hier einen Wickelraum?	**Há aqui um fraldário?** [a a'ki um frau'dario]
Wo kann ich stillen?	**Onde posso dar de mamar ao bebé?** ['ondschi 'poßo dar di ma'mar 'au be'be]

Babyfon	**o interfone para bebés** [inter'foni 'para kri'ansas]
Babyschale *(fürs Auto)*	**cadeira concha para bebé** [ka'deira 'konscha 'para be'be]
Babysitter	**a babà** [ba'bah]
Fläschchenwärmer	**o aquecedor de mamadeiras** [askese'dor di mama'deiras]
Junge	**menino** [me'nino]
Kinderbecken	**piscina para crianças** [pi'sina 'para kri'ansas]
Kinderbetreuung	**o baby-sitting** ['beibi 'sitting]
Kinderbett	**cama de criança** ['kama di kri'asa]
Kinderermäßigung	**desconto para crianças** [des'konto 'para kri'ansas]
Kinderkleidung	**roupa de criança** ['roupa di kri'ansa]
Kindernahrung	**a alimentação infantil** [alimenta'sau infan'tiu]
Kindersitz *(fürs Auto)*	**assento do carro para criança** [a'ßento do 'kaho 'para kri'ansa]
Kindersitzkissen *(fürs Auto)*	**almofada de criança para o carro** [almo'fada di kri'ansa 'para o 'kaho]
Kinderspielplatz	**o parque infantil** ['parki infan'tiu]
Mädchen	**menina** [me'nina]
Malbuch	**caderno para colorir** [ka'derno 'para colo'rir]
Planschbecken	**piscina de chapinhar** [pi'sina di schapin'jar]
Sandkasten	**caixa de areia** ['kaischa di a'reia]
Sauger	**bico da mamadeira** ['biko da mama'deira]
Saugflasche	**mamadeira** [mama'deira]
Schildmütze	**o boné** [bo'ne]

Schnuller	**chupeta** [schu'peta]
Schwimmflügel	**bóia para crianças** ['boia 'para kri'ansas]
Schwimmkurs	**curso de natação** ['kurso di nata'ßau]
Schwimmring	**bóia** ['boia]
Sonnenschutz	**a proteção solar** [prote'sau so'lar]
Spielkamerad	**companheiro/companheira de brincar** [kompa'neiro/kompa'neira di brin'kar]
Spielsachen	**os brinquedos** [brin'kedos]
Spielwarengeschäft	**loja de brinquedos** ['loscha di brin'kedos]
Trinkflasche	**chuquinha** [schu'kinja]
Vergnügungspark	**parque de diversoes** ['parki di diwer'sois]
Wickeltisch	**comoda muda-fraldas** ['komoda 'muda 'fraudas]
Windeln	**as fraldas** [as 'fraudas]

Gesundheit > Gesundheit, S. 117

Gibt es hier einen Kinderarzt?	**Há aqui um pediatra?** [a a'ki um pedi'atra]
Mein Kind hat…	**O meu filho / A minha filha tem…** [o 'meu 'filjo/a 'minja 'filja teng]
Mein Kind ist allergisch gegen…	**O meu filho / A minha filha é alérgico/alérgica a…** [o 'meu 'filjo/a 'minja 'filja ä a'lerschiko/a a]
Mein Kind ist gestochen worden.	**O meu filho / A minha filha foi picado/picada.** [o 'meu 'filjo/a 'minja 'filja 'foi pi'kado/pi'kada]

Allergie	**alergia** [aler'schia]
Ausschlag	**o eczema** [ek'zema]
Elektrolytlösung	**a solução de rehidratação** [solu'sau di reidrata'sau]
Fieber	**a febre** ['fäbri]
Heilnahrung	**a alimentação terapêutica** [alimenta'sau tera'peutika]
Impfpass	**certificado de vacina** [sertifi'kado di wa'sina]
Kinderkrankenhaus	**o hospital pediátrico** ['hospi'tau pedi'atriko]
Kinderkrankheit	**doença infantil** [do'ensa infan'tiu]
Masern	**sarampo** [sa'rampu]
Mumps	**papeira** [pa'peira]
Pilz	**a micose** [mi'kosi]
Röteln	**rubéola** [ru'bäola]
Scharlach	**escarlatina** [eskarla'tina]
Windpocken	**varicela** [wari'säla]

Behinderte unterwegs

Für einen Behinderten im Rollstuhl ist es fast unmöglich, Brasilien auf eigene Faust zu erkunden. Wenn auch die Fluggesellschaften auf behinderte Passagiere eingestellt sind, so wird ein Rollstuhlfahrer im Alltag doch große Probleme haben. Unebene, löchrige Gehwege ohne Absenkungen zur Straße, ein chaotischer Straßenverkehr, in dem Fußgänger kaum beachtet werden, fehlende akustische Signale in den Metropolen und keine rollstuhlgerechten Zugänge zu Restaurants und Hotels machen es extrem schwer, alleine im Rollstuhl zu reisen.
Dennoch ist es für Behinderte möglich, Brasilien individuell oder in Gruppen zu erkunden und sämtliche Sehenswürdigkeiten zu besuchen. Die Reise wird von einigen deutschen Reiseunternehmen organisiert. In Brasilien werden die Passagiere in rollstuhlgerechten Bussen zu eigens eingerichteten, oft international bekannten Hotels befördert, in denen sich behindertengerechte Zimmer befinden. Während der gesamten Reise werden die Urlauber von geschultem Personal begleitet.
Über Firmen, die sich auf Behinderten-Reisen spezialisiert haben, informiert der Deutsche Reisebüro-Verband Service GmbH in Frankfurt/Main (Tel: 069/27390726)

Ich bin …	**Sou …** [sou]
körperbehindert.	**deficiente físico.** [defisi'eintschi 'fisiko]
sehbehindert.	**deficiente visual.** [defisi'eintschi wisu'au]
Ich habe…	**Tenho…** ['tenjo]
eine Gehbehinderung.	**dificuldade no andar.** [difikul'dadschi no an'dar]
Multiple Sklerose.	**esclerose múltipla.** [eskle'rosi 'multipla]

Unterwegs

Gibt es einen besonderen Betreuungsdienst für behinderte Fluggäste?	**Há algum serviço especial para cuidar de passageiros deficientes?** [a au'gum ser'wiso espesi'au 'para kui'dar di paßa'scheiros defisi'eintsches]
Kann ich einen eigenen faltbaren Rollstuhl im Flugzeug mitnehmen?	**Posso levar no avião a minha cadeira de rodas desdobrável?** ['poßo le'war no awi'au a 'minja ka'deira di 'rodas desdo'braweus]

Wird ein Rollstuhl am Abflug-/Zielflughafen bereitgestellt?
Há cadeiras de rodas à disposição no aeroporto de partida/chegada? [a ka'deiras di 'rodas a disposi'sau no aero'porto di par'tida/sche'gada]

Ich möchte einen Sitz am Gang.
Queria um lugar junto ao corredor. [ke'ria um lu'gar 'schunto 'ao korre'dor]

Gibt es eine Behindertentoilette?
Há uma casa de banho para deficientes? [a 'uma 'kasa di 'banjo 'para defisi'eintsches]

Gibt es einen Behindertenwaschraum?
Há lavabos para deficientes? [a 'lawabos 'para defisi'eintsches]

Könnte mir jemand beim Umsteigen behilflich sein?
Alguém poderia me ajudar a mudar de trem? [au'gein pode'ria mi aschu'dar a mu'dar di treing]

Wird eine Begleitperson unentgeltlich befördert?
O acompanhante tem direito a viagem gratuita? [o akompan'jantschi teng di'reito a wi'ascheing gra'tuita]

Unterkunft

Können Sie mir bitte Informationen senden, welche Hotels in ... für Rollstuhlfahrer geeignet sind.
Pode-me enviar informações sobre hotéis em ... que sao adequados para pessoas em cadeiras de rodas? ['podschi mi enwi'ar informa'sois 'sobre ho'teis eing ... ke sau ade'kwados 'para pe'ßoas eing ka'deiras di 'rodas]

Gibt es dort Hotels mit speziell für Rollstuhlfahrer eingerichteten Zimmern?
Há lá hotéis com quartos equipados para pessoas em cadeiras de rodas? [a la ho'teis kon 'kwartos eki'pados 'para pe'ßoas eing ka'deiras di 'rodas]

Welche Hotels und Campingplätze haben behindertengerechte Einrichtungen?
Quais são os hotéis e campings equipados para deficientes fisicos? ['kwais sau os ho'teis i 'parkes di kam'pismo eki'pados 'para defisi'eintsches 'fisikos]

Wie breit sind die Türen
Qual é a largura das portas? [kwau ä a lar'gura das 'portas]

Wie hoch ist das Bett?
Qual é a altura da cama? [kwau ä a au'tura da 'kama]

Was für einen Bodenbelag hat das Zimmer?
Como é o piso do quarto? ['komo ä o 'piso do 'kwarto]

Sind die Badezimmer behindertengerecht ausgestattet?
Os banheiros estão equipados para deficientes fisicos? [os ban'jeiros es'tau eki'pados 'para defisi'eintsches 'fisikos]

Meine Rollstuhlmaße sind folgende: Wendekreis ..., Gesamtlänge ..., Gesamtbreite ..., Gewicht ...	**As dimensões da minha cadeira de rodas são: diâmetro de viragem ..., comprimento total ..., largura total ..., peso ...** [as dime'sois da 'minja 'kadeira di 'rodas sau di'ametro di wi'rascheing ... kompri'mento to'tau ... lar'gura to'tau ... 'peso ...]

Museen, Sehenswürdigkeiten, Theater ...

Ist die Ausstellung für Gehbehinderte über Aufzüge / stufenlose Zugänge erreichbar?	**A exposição é acessível a pessoas com dificuldade no andar por meio de elevadores / entradas sem degraus?** [a esposi'sau ä ase'ßiweu a pe'ßoas kon difikul'dadschi no an'dar por 'meio di elewa'dores/en'tradas seng de'graus]
Gibt es spezielle Vergünstigungen für Behinderte?	**Há precos especiais para deficientes?** [a 'preßos espesi'ais 'para defisi'eintsches]
Gibt es behindertengerecht konzipierte Führungen / Stadtführungen für Gehörlose?	**Há guias especiais para deficientes / voltas à cidade para pessoas surdas?** [a gi'as espesi'ais 'para defisi'eintsches/ 'woltas a si'dadschi 'para pe'ßoas 'surdas]
Sind Sitzbereiche und Stellmöglichkeiten für Rollstuhlfahrer vorgesehen?	**Há zonas de lugares e possibilidade para se instalarem pessoas em cadeiras de rodas?** [a 'zonas di lu'gares i poßibili'dadschi 'para se insta'lareing pe'ßoas eing ka'deiras di 'rodas]

amputiert	**amputado** [ampu'tado]
Auffahrtrampe	**rampa de acesso** ['rampa di a'säßo]
barrierefrei	**sem obstáculos** [seing ob'stakulos]
befahrbar	**transitável** [transi'taweu]
Begleitperson	**o acompanhante** [akompan'jantschi]
Begleitung	**companhia** [kompan'ia]
Behindertenausweis	**o cartão de deficiente** [o kar'tau di defisi'eintschi]
behindertengerecht	**equipado para deficientes** [eki'pado 'para defisi'eintsches]
Behindertenparkplatz	**estacionamento para deficientes** [estasiona'mento 'para defisi'eintsches]
Behindertentoilette	**WC para deficientes físicos** [we ße 'para defisi'eintsches 'fisikos]
Betreuungsdienst	**serviço de assistência** [ser'wiso di aßis'tensia]
blind	**cego** ['sego]
Blinde/r	**o cego / a cega** ['sego/'sega]

Blindenhund	**o guía de cegos** [gi'a di 'segos]
Breite	**largura** [lar'gura]
Duschsitz	**assento para a duscha** [a'ßento 'para a 'duscha]
ebenerdig	**ao nível do chão** ['ao 'niveu do schau]
Einhebelmischer	**torneira misturadora de um só punho** [tor'neira mistura'dora di um so 'punjo]
Einstiegshilfe	**auxílio para subir** [au'silio 'para su'bir]
Epilepsie	**epilepsia** [epile'psia]
Fahrdienst	**serviço de transporte** [ser'wiso di trans'portschi]
Flurbreite	**largura do corredor** [lar'gura di korre'dor]
gehbehindert	**com dificuldade no andar** [kong difikul'dadschi no an'dar]
Gehbehinderte/r	**pessoa com dificuldade no andar** [pe'ßoa kon difikul'dadschi no an'dar]
Gehhilfe	**auxílio para andar** [au'silio 'para an'dar]
gehörlos	**surdo** ['surdo]
Gehörlose/r	**o surdo / a surda** ['surdo/'surda]
geistig behindert	**deficiente mental** [defici'eintschi men'tau]
Haltegriff	**manípulo** [ma'nipulo]
Haltegurt	**cinto de suporte** ['sinto di su'portschi]
Handlauf	**o corrimão** [korri'mau]
Hebebühne	**plataforma elevadora** [plata'forma eleva'dora]
Hilfsdienst, sozialer	**serviço de auxílio social** [ser'wiso di au'silio sosi'au]
Höhe	**altura** [au'tura]
Hörbehinderte/r	**o/a deficiente auditivo** [defisi'eintschi audi'tiwo/a]
hörgeschädigt	**com defeito auditivo** [kon de'feito audi'tiwo]
Hörgeschädigte/r	**pessoa com problema auditivo** [pe'ßoa kon pro'blema audi'tiwo]
Hublift	**equipamento elevador** [ekipa'mento elewa'dor]
Kopfhörer	**o auscultador** [o auskulta'dor]
Körperbehinderung	**deficiência física** [defisi'änsia 'fisika]
Krücke	**muleta** [mu'leta]
Mobilitätsbehinderte/r	**pessoa com mobilidade reduzida** [pe'ßoa kon mobili'dadschi redu'ßida]
pflegebedürftig	**pessoa com necessidade de auxílio** [pe'ßoa kon neseßi'dadschi di au'silio]
Pflegestation, ambulante	**centro de cuidados ambulante** ['sentro di kui'dados ambu'lantschi]
querschnittsgelähmt	**paraplégico** [para'pläsiku]
Rampe	**rampa** ['rampa]
Rollstuhl	**cadeira de rodas** [ka'deira di 'rodas]
batteriebetriebener Rollstuhl	**cadeira de rodas movida a bateria** [ka'deira di 'rodas mo'wida a bate'ria]

Bordrollstuhl	**cadeira de rodas de transporte** [ka'deira di 'rodas di trans'portschi]
Elektrorollstuhl	**cadeira de rodas elétrica** [ka'deira di 'rodas e'lätrika]
Faltrollstuhl	**cadeira de rodas desdobrável** [ka'deira di 'rodas desdo'braweu]
Rollstuhl mit Hebelantrieb	**cadeira de rodas com acionamento por alavanca** [ka'deira di 'rodas kon asiona'mento por ala'wanka]
Rollstuhlfahrer/in	**pessoa em cadeira de rodas** [pe'ßoa eing ka'deira di 'rodas]
rollstuhlgerecht	**equipado para cadeira de rodas** [eki'pado 'para ka'deira di 'rodas]
Rollstuhlkabine *(Schiff)*	**o camarote equipado para cadeira de rodas** [kama'rottschi eki'pado 'para ka'deira di 'rodas]
Rollstuhllifter *(Auto)*	**plataforma elevadora para cadeira de rodas** [plata'forma eleva'dora 'para ka'deira di 'rodas]
Rufanlage	**o intercomunicador** [interkomunika'dor]
Sanitäreinrichtungen	**as instalações sanitárias** [instala'ßois sani'tarias]
Schwerstbehinderte/r	**o/a deficiente total** [defisi'eintschi to'tau]
sehbehindert	**deficiente visual** [defisi'eintschi wisu'au]
Sehbehinderte/r	**o/a deficiente visual** [defisi'eintschi wisu'au]
Sozialstation	**centro social de cuidados** ['sentro sosi'au di kui'dados]
Steigung	**subida** [su'bida]
Stufe	**o degrau** [di'grau]
stufenloser Zugang	**acesso sem degraus** [a'säßo seing di'graus]
stumm	**mudo** ['mudo]
Taststock	**vara de cego** ['wara di 'sego]
taub	**surdo** ['surdo]
taubstumm	**surdo-mudo** ['surdo 'mudo]
Taubstumme/r	**o surdo-mudo / a surda-muda** ['surdo 'mudo/'surda 'muda]
Treppenstufe	**o degrau de escada** [o di'grau di es'kada]
Tür, automatische	**porta automática** ['porta auto'matika]
Türbreite	**largura da porta** [lar'gura da 'porta]
Türöffner, automatischer	**o abridor automático de portas** [abri'dor auto'matiko di 'portas]
Türschwelle	**soleira da porta** [su'leira da 'portas]
Unterarmstützen	**as canadianas** [kanadi'anas]
Zeichensprache	**a linguagem gestual** [lingu'ascheing gestu'au]
Zugänge	**os acessos** [a'säßos]
Zugänglichkeit	**a acessibilidade** [aseßibili'dadschi]

Unterkunft

Auskunft

In Brasilien ist im Hotel Feilschen angesagt, selbst im Nobelhotel. Rabatte bis 40% in der Nachsaison sind möglich.
Beim Betreten eines Zimmers sollten Sie darauf achten, wie ruhig es tatsächlich ohne den Fernseher ist, den der Zimmerjunge geschäftig angemacht hat. In Großstädten geht es prinzipiell immer sehr laut zu, die hohe Phonstärke ist für einen Europäer gewöhnungsbedürftig.
Wertsachen gehören in den Hotelsafe – alles vorher quittieren lassen.
In kein Motel ziehen! Diese sind (oft luxuriöse) Absteigen, die ausschließlich für Pärchen gedacht sind.
Die Stromspannung beträgt 110 Volt mit 60 Hertz, Brasilia und einige andere Städte haben 220 Volt. Ein von zu Hause mitgebrachter Adapter wird in jedem Fall gute Dienste leisten.

Können Sie mir ... empfehlen? — **Você pode me indicar...?** [wo'se 'podschi mi indi'kar]

ein gutes Hotel — **um bom hotel?** [um bong ho'tel]

ein einfaches Hotel — **um hotel simples?** [um ho'tel 'simples]

eine Pension — **uma pensão?** ['uma pen'sau]

ein Apartment — **um apartamento?** [um aparta'mento]

Ist es zentral / ruhig / in Strandnähe gelegen? — **Fica no centro / tranquilo / perto da praia?** ['fika no 'sentro/tran'kwilo/'perto da 'praia]

Wie sind die Preise dort? — **Qual é o preço lá?** [kwau ä o 'preso la]

Hotel – Pension – Apartment

An der Rezeption

Ich habe reserviert. Mein Name ist... — **Eu reservei. O meu nome é...** ['eu reser'wei. o 'meu 'nomi ä]

Haben Sie ein freies Zimmer? — **Tem um quarto vago?** [teng um 'kwarto 'wago]

Wir haben nichts mehr frei. — **Não temos mais vaga.** [nau 'temos mais 'waga]

Wie lange wollen Sie bleiben? — **Quanto tempo você vai ficar?** ['kwanto 'tempo wo'se wai fi'kar]

Wir bleiben eine Nacht/Woche. — **Vamos ficar uma noite/semana.** ['wamos fi'kar 'uma 'noitsche/semana]

Ich weiß es noch nicht.	**Ainda não sei.** [a'inda nau sei]
Was für ein Zimmer wünschen Sie?	**Que quarto você deseja?** [ke 'kwarto wo'se de'sescha]
Ich möchte ...	**Quero ...** ['kero]
ein Einzelzimmer.	**um quarto de solteiro.** [um 'kwarto di sol'teiro]
ein Doppelzimmer.	**um quarto de casal.** [um 'kwarto di ka'sau]
mit Bad.	**com banheiro.** [kon ban'jeiro]
mit Balkon.	**com varanda.** [kon wa'randa]
mit Blick auf das Meer.	**com vista para o mar.** [kon 'wista 'para o mar]
mit Dusche.	**com chuveiro.** [kon schu'weiro]
mit Klimaanlage.	**com ar condicionado.** [kon ar kondisio'nado]
Wie viel kostet das Zimmer pro Tag mit Frühstück/Halbpension/Vollpension?	**Quanto custa por dia com café da manhã / meia pensão / pensão completa?** ['kwanto 'kusta por 'dschia kon ka'fä da man'ja/'meia pen'sau/pen'sau kom'pläta]
Können Sie noch ein Bett / ein Kinderbett dazustellen?	**Pode pôr mais uma cama / uma cama de crianca?** ['podschi por mais 'uma 'kama/'uma 'kama di kri'ansa]
Kann ich das Zimmer sehen?	**Posso ver o quarto?** ['poßo wer o 'kwarto]
Dieses Zimmer gefällt mir nicht.	**Este quarto não me agrada.** ['esti 'kwarto nau mi a'grada]
Gut, ich nehme es.	**Está bom, fico com este.** [Es'ta bong 'fiko kon 'esti]
Bitte füllen Sie diesen Anmeldeschein aus.	**Por favor, preencha esta ficha.** [por fa'wor pre'enscha 'esta 'fischa]
Können Sie mir Ihren Reisepass / Ihren Personalausweis zeigen?	**Pode-me mostrar o seu passaporte / a sua carteira de identidade?** ['podschi-mi mos'trar o seu paßa'portschi/a 'sua kar'teira di identi'dadschi]
Wo kann ich den Wagen abstellen?	**Onde posso deixar o carro?** ['ondschi 'poßo dei'schar o 'kaho]
In unserer Garage. / Auf unserem Parkplatz.	**Na nossa garagem. / No nosso estacionamento próprio.** [na 'noßa ga'rascheing/no 'noßo estasiona'mento 'proprio]

Fragen und Bitten

Welche Stromspannung haben Sie hier?	**Qual é a voltagem aqui?** [kwau ä a wol'tascheing a'ki]
Ab wann gibt es Frühstück?	**A que horas é o café da manhã?** [a ke 'oras ä o ka'fä da man'ja]

Frühstück gibt es in der Regel bis 10 Uhr morgens. Es besteht aus einem starken Kaffee mit heißer Milch und viel Zucker, mehreren Sorten Säften, tropischen Früchten und einem je nach Hotelkategorie reichhaltigen Büfett mit Wurst, Käse, Marmelade und Kuchen.

Wo ist der Speisesaal?	**Onde é a sala de jantar?** ['ondschi ä a 'sala di schan'tar]
Zum Frühstück nehme ich…	**No café da manhã tomo…** [no ka'fä da man'ja 'tomo]
schwarzen Kaffee.	**só café.** [so ka'fä]
Kaffee mit Milch.	**café com leite.** [ka'fä kon 'leitschi]
Tee mit Milch/Zitrone.	**chá com leite/limão.** ['scha kon 'leitschi/li'mau]
Schokolade.	**chocolate.** [schoko'latschi]
einen Fruchtsaft.	**um suco de fruta.** [um 'suko di 'fruta]
ein weiches Ei.	**um ovo cozido mole.** [um 'owo ko'sido 'moli]
Rühreier.	**ovos mexidos.** ['owos me'schidos]
Eier mit Speck/Schinken.	**ovos com bacon/presunto.** ['owos kon 'beikon/pre'sunto]
Brot/Brötchen/Toast.	**pão/pãezinhos/torradas.** [pao/pao'sinjos/to'hadas]
ein Hörnchen.	**um croissant.** [kro'ßo]
Butter.	**manteiga.** [man'teiga]
Käse.	**queijo.** ['keischo]
Schinken.	**presunto.** [pre'sunto]
Honig.	**mel.** ['mäu]
Marmelade.	**marmelada.** [marme'lada]
Cornflakes.	**cornflakes.** ['kornfleiks]
Joghurt.	**iogurte.** [ju'gurtschi]
tropische Früchte.	**frutas tropicais.** ['frutas tropi'kais]

Könnte ich morgen ein Lunchpaket bekommen?	**Pode me dar amanhã um lanche para eu levar?** ['podschi-mi dar aman'ja 'um 'lanschi 'para 'eu le'war]
Würden Sie mich bitte morgen früh um ... Uhr wecken?	**Faça o favor de me acordar às ... horas?** ['fasa o fa'wor di mi akor'dar as ... 'oras]

Wäschereien und Reinigungen sind sehr teuer. Alternativ kann man die Zimmermädchen fragen, ob sie die Wäsche waschen möchten. Sie sind meist froh, etwas dazuzuverdienen, und man hat die Wäsche am übernächsten Tag wieder.

Würden Sie mir ... bringen?	**Pode me trazer...?** ['podschi-mi tra'ser]
noch ein Handtuch	**mais uma toalha?** [mais 'uma to'alja]
ein Stück Seife	**um sabonete?** [um sabo'netschi]
einige Kleiderbügel	**uns cabides?** [uns ka'bidsches]
Wie funktioniert ...?	**Como funciona ...?** ['komo funsi'ona]
Bitte meinen Schlüssel.	**A minha chave, por favor.** [a 'minja 'schawi por fa'wor]
Wo kann ich ...	**Onde posso ...** ['ondschi 'poßo]
diesen Brief abschicken?	**enviar esta carta?** [enwi'ar 'esta 'karta]
... mieten?	**alugar ...?** [alu'gar]
telefonieren?	**telefonar?** [telefo'nar]
Kann ich meine Sachen hier lassen, bis ich wiederkomme?	**Posso deixar aqui as minhas coisas até eu voltar?** ['poßo dei'schar a'ki as 'minjas 'koisas a'tä 'eu wol'tar]

Beanstandungen

... funktioniert nicht.	**... não funciona.** [nau funsi'ona]
Es gibt kein warmes Wasser.	**Não tem água quente.** [nau teng 'agwa 'keintschi]

Die Brauseköpfe in der Dusche, in denen sich der Wassererhitzer befindet, haben folgende Einstellmöglichkeiten: *frio* (kalt), *morno* oder *verão* (lauwarm) und *quente* oder *inverno* (heiß). Diese Geräte lieber nicht unter laufendem Wasser regulieren, da sie häufig nicht geerdet sind!

Das Waschbecken / Die Toilette ist verstopft.	**A pia / O vaso sanitário está entupida/o.** [a 'pia/o 'waso sani'tario es'ta entu'pida/entu'pido]

Abreise

Ich reise morgen früh ab.	**Vou embora amanhã de manhã.** [wou eing'bora aman'ja di man'ja]
Bis wann muss ich das Zimmer räumen?	**Até que horas preciso desocupar o quarto?** [a'tä ke 'oras pre'siso desoku'par o 'kwarto]
Rufen Sie mir bitte ein Taxi.	**Chame um táxi, por favor.** ['schami um 'taxi por fa'wor]
Vielen Dank für alles! Auf Wiedersehen!	**Muito obrigado/obrigada por tudo. Tchau!** ['muito obri'gado/obri'gada por 'tudo. tschau]

Abendessen	**o jantar** [schan'tar]
Adapter	**o benjamin** [benscha'min]
Anmeldung	**a recepção** [resep'sau]
Anzahlung	**entrada** [en'trada]
Apartment	**apartamento** [aparta'mento]
Aschenbecher	**cinzeiro** [sin'seiro]
Aufenthaltsraum	**sala de estar** ['sala di es'tar]
Aufzug	**elevador** [elewa'dor]
Badezimmer	**banheiro** [ban'jeiro]
Balkon	**varanda** [wa'randa]
Bett	**cama** ['kama]
Bettdecke	**o colchão** [kol'schau]
Bettwäsche	**roupa de cama** ['roupa di 'kama]
Dusche	**chuveiro** [schu'weiro]
Eigentümer	**proprietário** [proprie'tario]
Endreinigung	**limpeza final** [lim'pesa fi'nau]
Etage	**o andar** [an'dar]
Fenster	**janela** [scha'nela]
Ferienhaus	**o bangalô** [banga'lo]
Ferienwohnung	**apartamento para temporada** [aparta'mento para tempo'rada]
Fernseher	**a televisão** [telewi'sau]
Fernsehraum	**sala de televisão** ['sala di telewi'sau]
Frühstück	**o café da manhã** [ka'fä da man'ja]
Frühstücksbüfett	**o buffet do café da manhã** [bi'ffe do ka'fä da man'ja]
Frühstücksraum	**sala do café da manhã** ['sala do ka'fä da man'ja]
Geschirrhandtuch	**pano de prato** ['pano di 'prato]
Halbpension	**a meia pensão** ['meia pen'sau]

Handtuch	**toalha** [to'alja]
Hauptsaison	**alta estação** ['auta esta'sau]
Heizung	**aquecedor** [akese'dor]
Herd	**fogão** [fo'gau]
Kaffeemaschine	**cafeteira** [kafe'teira]
Klimaanlage	**o ar condicionado** [ar kondisio'nado]
Kopfkissen	**travesseiro** [trawe'ßeiro]
Kühlschrank	**geladeira** [schela'deira]
Lampe	**lâmpada** ['lampada]
Licht	**a luz** [a lus]
Lichtschalter	**interruptor** [intehup'tor]
Matratze	**colchão** [kol'schau]
Miete	**o aluguel** [alu'gäu]
Mittagessen	**almoço** [al'moso]
Moskitonetz	**mosquiteiro** [moski'teiro]
Müll	**lixo** ['lischo]
Nachsaison	**baixa estação** ['baischa esta'sau]
Nebenkosten	**as despesas extraordinárias** [des'pesas estraordi'narias]
Pension	**pensão** [pen'sau]
Portier	**porteiro** [por'teiro]
reinigen	**limpar** [lim'par]
Reservierung	**reserva** [re'serwa]
Rezeption	**a recepção** [resep'sau]
Safe	**o cofre** ['kofri]
Schlafcouch	**o divã** [di'wan]
Schlafsack	**saco de dormir** ['sako di dor'mir]
Schlafzimmer	**quarto** ['kwarto]
Schlüssel	**a chave** ['schawi]
Sessel	**poltrona** [pol'trona]
Spiegel	**espelho** [e'speljo]
Steckdose	**tomada** [to'mada]
Stecker	**o plug** ['plugi]
Strom	**elétrica** [e'letrika]
Stromspannung	**a voltagem** [wol'tascheing]
Terrasse	**terraço** [te'haso]
Toilette	**banheiro** [ban'jeiro]
Toilettenpapier	**o papel higiênico** [pa'päu ischi'eniko]
Übernachtung	**a pernoite** [per'noitschi]
Ventilator	**o ventilador** [wentila'dor]
vermieten	**alugar** [alu'gar]
Vollpension	**a pensão completa** [pen'sau kom'pläta]
Waschbecken	**pia** ['pia]
Waschmaschine	**máquina de lavar roupa** ['makina di la'war 'roupa]
Wasser	**água** ['agwa]
kaltes Wasser	**água fria** ['agwa 'fria]
warmes Wasser	**água quente** ['agwa 'keintschi]

Wasserglas	**copo** ['kopo]
Wasserhahn	**torneira** [tor'neira]
Wasserverbrauch	**consumo de água** [kon'sumo di 'agwa]
Wolldecke	**cobertor de lã** [kober'tor di lan]
Zimmer	**quarto** ['kwarto]
Zimmermädchen	**camareira** [kama'reira]
Zimmertelefon	**o telefone no quarto** [tele'foni no 'kwarto]

Camping

Haben Sie noch Platz für ein Zelt? — **Ainda tem lugar para uma barraca?** [a'inda teng lu'gar 'para 'uma ba'haka]

Wie hoch ist die Gebühr pro Tag und Person? — **Quanto se paga por dia e por pessoa?** ['kwanto si 'paga por 'dschia i por pe'ßoa]

Wie hoch ist die Gebühr für … — **Quanto se paga por …** ['kwanto si 'paga por]

- ein Auto? — **um carro?** [um 'kaho]
- einen Wohnwagen / ein Wohnmobil? — **um trailer?** [um 'treiler]
- ein Zelt? — **uma barraca?** ['uma ba'haka]

Wir bleiben … Tage/ Wochen. — **Nós vamos ficar … dias/semanas.** [nos 'wamos fi'kar … 'dschias/se'manas]

Gibt es hier Stromanschluss? — **Tem eletricidade aqui?** [teng eletrisi'dadschi a'ki]

Haben Sie 220 oder 110 Volt? — **A corrente é de duzentos e vinte ou cento e dez?** [a ko'hentschi ä di du'sentos i 'wintschi ou 'sento i deis]

Wo kann ich Gasflaschen umtauschen? — **Onde posso trocar um botijão?** ['ondschi 'poßo tro'kar um boti'schau]

Gasflasche	**botijão de gás** [boti'schau di gas]
Gaskocher	**fogão a gás** [fo'gau a gas]
Petroleumlampe	**candeeiro** [kande'eiro]
Schnur	**corda** ['korda]
Stromanschluss	**tomada** [to'mada]
Trinkwasser	**água potável** ['agwa po'taweu]
Voranmeldung	**aviso prévio**[a'wiso 'präwio]
Waschraum	**os lavatórios** [lawa'torios]
Wohnmobil	**o trailer** ['treiler]
Wohnzimmer	**sala de estar** ['sala di es'tar]
Zelt	**barraca** [ba'haka]
zelten	**acampar** [akam'par]

Gastronomie

Essen gehen

Wer in Metropolen wie Rio de Janeiro oder São Paulo zum Essen gehen will, hat die Qual der Wahl. Das Einwanderungsland Brasilien, das zu einem Schmelztiegel unzähliger Nationen wurde, hat hervorragende Restaurants mit Spezialitäten aus den verschiedensten Ländern hervorgebracht. Besonders hervorzuheben ist die portugiesisch-indianisch-schwarzafrikanische Küche mit ihren pikanten und erfrischenden Kombinationen. Gerade in Brasilien bewahrheitet sich das Sprichwort: Je schwärzer der Koch, umso besser die Küche.
In den typischen Grillrestaurants, den *Churrascarias*, bestellt man für eine relativ geringe Pauschale (zwischen 10 und 20 Dollar) ein *Rodizio*: An einer Kühltheke wählt man selber aus Dutzenden von schmackhaften Beilagen aus. Anschließend erscheint der erste Ober mit einem großen Spieß gegrillten Fleischs am Tisch und schneidet eine Portion auf den Teller. Bis zu 20 verschiedene Ober erscheinen nach und nach mit ebenso vielen Fleischsorten. Das Fleisch ist vom Feinsten und Edelsten. Hat man genug, winkt man den Obern einfach ab.
Feijoada ist das typische, aus dem Süden stammende Nationalgericht und wird häufig ab Samstagmittag in den Restaurants angeboten. Es besteht aus schwarzen Bohnen, die mit verschiedenen Fleisch- und Wurstsorten gekocht werden müssen. Dazu gibt es Kohl, Reis und Farofa.
Wer vor 21 Uhr zu Abend essen möchte, hat gute Chancen, ganz alleine zu speisen. Die letzten Bestellungen dagegen kann man in den großen Restaurants oft bis in die frühen Morgenstunden aufgeben.

Wo gibt es hier…	**Onde tem …** ['ondschi teng]
ein gutes Restaurant?	**um bom restaurante?** [um bong restau'rantschi]
ein nicht zu teures Restaurant?	**um restaurante não muito caro?** [um restau'rantschi nau 'muito 'karo]
einen Schnellimbiss?	**uma lanchonete?** ['uma lanscho'nätschi]
Wo kann man hier in der Nähe gut und preiswert essen?	**Onde se pode comer bem e barato aqui?** ['ondschi si 'podschi ko'mer beng i ba'rato a'ki]

Wer preiswert und gut essen möchte, sollte mittags in ein kleineres Lokal gehen, in dem Mittagsmenüs angeboten werden (*prato do dia* oder *prato comercial*). Diese Essen reichen oft sogar noch für eine zweite Person.

Im Restaurant

Ich möchte einen Tisch für 6 Personen reservieren. — **Eu quero reservar uma mesa para seis pessoas.** ['eu 'kero reser'war 'uma 'mesa 'para seis pe'ßoas]

Bis wann kann man bei Ihnen warm essen? — **Até que horas servem refeições?** [a'tä ke 'oras 'serweing refei'sois]

Im Restaurant setzt man sich nie zu fremden Leuten an einen Tisch. Die Geschäftsführer weisen einen Tisch zu.

Einen Tisch für zwei/drei Personen, bitte. — **Uma mesa para duas/três pessoas, por favor.** ['uma 'mesa 'para duas/tres pe'ßoas por fa'wor]

Wo sind bitte die Toiletten? — **Onde fica o banheiro?** ['ondschi 'fika o ban'jeiro]

Darf ich rauchen? — **Posso fumar?** ['poßo fu'mar]

Bestellung ➢ auch Frühstück, S. 64

Herr Ober/Bedienung, bitte … — **Garçon, por favor, …** [gar'son por fa'wor]

die Speisekarte. — **o cardápio.** [o kar'dapio]

die Getränkekarte. — **a lista de bebidas.** [a 'lista di be'bidas]

Haben Sie schon gewählt? — **Já escolheu?** [scha eskol'jeu]

Was können Sie empfehlen? — **O que o senhor me recomenda?** [o ke o sen'jor mi reko'menda]

Was haben Sie an Meeresfrüchten? — **Que tipo de mariscos tem?** [ke 'tipo di ma'riskos teng]

Was ist die Spezialität des Hauses? — **Qual é a especialidade da casa?** [kwau ä a espesiali'dadschi da 'kasa]

Ich möchte eine Spezialität dieser Gegend essen. — **Eu quero um prato típico.** ['eu 'kero um 'prato 'tipiko]

Haben Sie …? — **Tem …?** [teng]

Was ist das? — **O que é isso?** [o ke ä 'ißo]

Ich möchte nur eine Kleinigkeit essen. — **Eu quero comer só um petisco.** ['eu 'kero ko'mer so um pe'tisko]

Ich möchte das Tagesgericht.	**Eu quero o prato do dia.** ['eu 'kero o 'prato do 'dschia]
Ich hätte gerne …	**Queria …** [ke'ria]
Reicht die Portion für zwei Personen?	**Dá para duas pessoas?** [da 'para 'duas pe'ßoas]

Die Frage eines Gastes „Reicht das Essen für zwei Personen?" hat nichts mit Geiz zu tun. Auch die Brasilianer stellen sie. Tatsache ist, dass in den meisten Fällen die Portion so groß ist, dass sie für zwei Personen reicht.

Wir haben leider kein/e/n … mehr.	**Sinto muito, mas não temos mais …** ['sinto 'muito mas nau 'temos mais]
Danke, das ist genug.	**Obrigado/a estou satisfeito/a.** [obri'gado/obri'gada es'tou satis'feito/satis'feita]
Was wollen wir trinken?	**O que vamos beber?** [o ke 'wamos be'ber]
Ich möchte …	**Eu quero …** ['eu 'kero]
ein Glas Wein.	**um copo de vinho.** [um 'kopo di 'winjo]
eine Flasche Wein.	**uma garrafa de vinho.** ['uma ga'hafa di 'winjo]
einen halben Liter Wein.	**meio litro de vinho.** ['meio 'litro di 'winjo]
Guten Appetit!	**Bom apetite!** [bong ape'titschi]
Auf Ihr Wohl!	**À sua saúde!** [a 'sua sa'udschi]
Könnten wir noch etwas Brot/Wasser/Wein bekommen?	**Pode-nos trazer mais pão/água/vinho, por favor?** ['podschi-nos tra'ser mais pao/'agwa/'winjo por fa'wor]

Ein kleiner schwarzer starker Espresso, der *Cafézinho*, ist nach einem Essen in Brasilien obligatorisch und kostenlos. Der starke koffeinhaltige Mate-Tee sollte in seiner Wirkung auch nicht unterschätzt werden.

Beanstandungen

Ist alles recht?	**Você gosta?** [wo'se 'gosta]
Nein. Es ist …	**Não. Está …** [nau. es'ta]
sehr salzig	**muito salgado.** ['muito sau'gado]
sehr scharf.	**muito apimentado.** ['muito apimen'tado]

kalt.	**frio.** ['frio]
nicht frisch.	**velho.** ['weljo]
Das Fleisch ist zäh / nicht durchgebraten.	**A carne está dura / não está bem passada.** [a 'karni es'ta 'dura/nau es'ta beng pa'ßada]
Hier fehlt ein/eine…	**Falta aqui um/uma…** ['fauta a'ki um/'uma]

Die Rechnung

Bezahlen, bitte.	**A conta, por favor.** [a 'konta por fa'wor]
Bitte alles zusammen.	**Tudo junto, por favor.** ['tudo 'schunto por fa'wor]
Getrennte Rechnungen, bitte.	**Contas separadas, por favor.** ['kontas sepa'radas por fa'wor]
Das Essen war ausgezeichnet.	**A comida estava excelente.** [a ko'mida es'tawa ese'leintschi]
Behalten Sie das Wechselgeld.	**Guarde o troco.** [gu'ardi o 'troko]
Es stimmt so.	**Está bom assim.** [es'ta bong a'sing]

Ein angemessenes Trinkgeld beträgt mindestens 15 Prozent.

Schnellrestaurants

In den kleinen Imbissen und Schnellrestaurants, die es an jeder Straßenecke gibt, kann man sehr preiswert essen. Für *Cheese* wird auf den Speisekarten nur ein *X* angegeben – so wird in Brasilien aus einem *Cheeseburger* ein *X-burger*.
➢ Eine Auswahl typischer Imbiss-Angebote finden Sie in der Speisekarte, S. 78.

Wo gibt es einen Imbiss?	**Onde tem uma lanchonete?** ['ondschi teng 'uma lanscho'nätschi]
Muss ich vorher oder nachher bezahlen?	**Preciso pagar antes ou depois?** [pre'siso pa'gar 'antes ou de'pois]
Wie viel kostet …	**Quanto custa …** ['kwanto 'kusta]
dies hier?	**isso aqui?** ['ißo a'ki]
das dort?	**aquilo?** [a'kilo]

Ich möchte einen Hamburger …	**Eu quero um hamburger …** ['eu 'kero um am'burger]
mit Ei.	**com ôvo.** [kon 'owo]
mit Hähnchenfleisch.	**com frango.** [kon 'frango]
mit Käse.	**com queijo.** [kon 'keischo]
mit kleinem Filet.	**com lombinho.** [kon lom'binjo]
mit Speck.	**com bacon.** [kon 'beikon]
mit Truthahnbrust.	**com peito de peru.** [kon 'peito di pe'ru]
mit Wurst.	**com calabresa.** [kon kala'bresa]
Bitte zum Mitnehmen!	**Por favor para levar/viagem!** [por fa'wor 'para le'war/wi'ascheing]

➢ auch Speisekarte, S. 77, und Getränkekarte, S. 82

Abendessen	**o jantar** [schan'tar]
alkoholfrei	**sem álcool** [seing 'alkol]
Aschenbecher	**cinzeiro** [sin'seiro]
Besteck	**o talher** [tal'jer]
Bestellung	**pedido** [pe'dido]
Brot	**pão** [pao]
Diabetiker/in	**diabético** [dia'bätiko]
Dressing	**molho** ['moljo]
essen	**comer** [ko'mer]; ***(abends)*** **jantar** [schan'tar]; ***(mittags)*** **almoçar** [almo'sar]

Essig	**o vinagre** [wi'nagri]
Frühstück	**o café da manhã** [ka'fä da man'ja]
Gabel	**garfo** ['garfo]
Gang	**prato** ['prato]
Gericht	**prato** ['prato]
Getränk	**bebida** [be'bida]
Gewürz	**tempero** [tem'pero]
Glas	**copo** ['kopo]
Gräte	**espinha** [e'spinja]
hart	**duro** ['duro]
Hauptspeise	**prato principal** ['prato prinsi'pau]
hausgemacht	**caseiro** [ka'seiro]
heiß	**quente** ['keintschi]
hungrig sein	**estar com fome** [es'tar kon 'fomi]
kalt	**frio** ['frio]
Kellner/in	**o garçon, a garçonete** [gar'son garso'nätschi]
Kinderteller	**porção para crianças** [por'sau 'para kri'ansas]
Knochen	**osso** ['oßo]
Koch	**cozinheiro** ['kosin'jeiro]
Korkenzieher	**o saca-rolhas** ['saka-'roljas]
Löffel	**a colher** [kol'jer]
Menü	**cardápio** [kar'dapio]
Messer	**faca** ['faka]
Mittagessen	**almoço** [al'moso]
Nachtisch	**sobremesa** [sobre'mesa]
Nudeln	**massa** ['maßa]
Ober *(Anrede)*	**garçon** [gar'son]
Öl	**óleo** ['oleo]
Olivenöl	**o azeite de oliva** [a'seitschi di o'liwa]
Palmöl	**o azeite de dendê** [a'seitschi di den'de]
Pfannengericht	**prato feito na frigideira** ['prato 'feito na frischi'deira]
Pfeffer	**pimenta** [pi'menta]
Portion	**a porção** [por'sau]
Salatbüfett	**o buffet de saladas** [bü'ffe di sa'ladas]
Salz	**o sal** [sau]
Schonkost	**dieta** [di'äta]
Schüssel	**tigela** [ti'schäla]
Senf	**mostarda** [mos'tarda]
Serviette	**guardanapo** [guarda'napo]
Soße	**molho** ['moljo]
Speisekarte	**cardápio** [kar'dapio]
Spezialität	**a especialidade** [espesiali'dadschi]
Strohhalm	**canudo** [ka'nudo]
Suppe	**sopa** ['sopa]
Suppenteller	**prato de sopa** ['prato di 'sopa]
Tagesgericht	**prato do dia** ['prato do 'dschia]

Tasse	**xícara** ['schikara]
Teelöffel	**a colher de chá** [kol'jer di scha]
Teller	**prato** ['prato]
Tischtuch	**toalha de mesa** [to'alja di 'mesa]
Trinkgeld	**gorjeta** [gor'scheta]
Untertasse	**o pires** ['pires]
vegetarisch	**vegetariano** [weschetari'ano]
Vorspeise	**entrada** [en'trada]
Wasser	**água** ['agwa]
würzen	**temperar** [tempe'rar]
Zahnstocher	**palito** [pa'lito]
Zucker	**o açucar** [a'sukar]

Zubereitung

durchgebraten	**bem passado** [beng pa'ßado]
gebacken	**frito** ['frito]
gebraten	**assado** [a'ßado]
am Spieß	**no espeto** [no e'speto]
vom Grill	**grelhado** [grel'jado]
in der Pfanne	**na panela** [na pa'nela]
gedämpft, gedünstet	**no vapor** [no wa'por]
gefüllt	**recheado** [resche'ado]
gekocht	**cozido** [ko'sido]
geräuchert	**defumado** [defu'mado]
geschmort	**assado** [a'ßado]
überbacken	**gratinar** [grati'nar]

bitter	**amargo** [a'margo]
fad	**insípido** [in'sipido]
fett	**gordura** [gor'dura]
frisch	**fresco** ['fresko]
gar	**bem cozido/assado** [beng ko'sido/a'ßado]
mager	**magro** ['magro]
roh	**cru** [kru]
saftig	**suculento** [suku'lento]
salzig	**salgado** [sau'gado]
sauer	**azêdo** [a'sedo]
scharf	**picante** [pi'kantschi]
süß	**doce** ['dosi]
weich	**mole** ['moli]
zäh	**duro** ['duro]
zart	**tenro** ['tenho]

Menu — Speisekarte

Entradas & Acompanhamentos	Vorspeisen und Beilagen
brownie ['bræʊni]	süße Schokoladenschnitte
o arroz [a'hos]	Reis
azeitonas recheadas [asei'tonas resche'adas]	gefüllte Oliven
batatas fritas [ba'tatas 'fritas]	Pommes frites
caldo ['kaldo]	Fleischbrühe
canja ['kanscha]	Hühnersuppe mit Reis
as castanhas de cajú [kas'tanjas di ka'schu]	Cashewnüsse
empada [em'pada]	Fleischpastete
as empadinhas [empa'dinjas]	kleine gefüllte Pasteten
feijão preto [fei'schau 'preto]	schwarze Bohnen
goiabada [goia'bada]	Guavenkonfitüre
macarrão [maka'rau]	Makkaroni
mandioca cozida [mandi'oka ko'sida]	gekochter Maniok
massa ['maßa]	Nudeln
molho de pimenta ['moljo di pi'menta]	Pfeffersauce
o pastel de massa folhada [pas'täu di ma'ßa fol'jada]	Blätterteigpastete
o provolone [prowo'loni]	Provolone *(Käse)*
pão com manteiga [pao kon man'teiga]	Brot mit Butter
polenta frita [po'lenta 'frita]	Polenta
presunto [pre'sunto]	Schinken
queijo de cabra ['keischo di 'kabra]	Ziegenkäse
queijo frito ['keischo 'frito]	Käse, frittiert
queijo ralado ['keischo ra'lado]	geriebener Käse
salada mista [sa'lada 'mista]	gemischter Salat
o salami [sa'lami]	Salami
salgadinhos [sauga'dinjos]	Salzgebäck

Lanchonete	Imbiss
batata frita [ba'tata 'frita]	Pommes frites
cachorro quente [ka'schoho 'keintschi]	Hot Dog
calabresa ['kala'bresa]	Bratwurst
camarão [kama'rau]	geröstete Krabben
churrasquinho [schuhas'kinjo]	Portion Fleisch vom Spieß im Brötchen
doces ['doses]	Gebäck

o espaghetti [espa'gätschi]	Spaghetti
o filé [fi'lä]	gegrilltes Filet
frango ['frango]	Hähnchen
lagosta [la'gosta]	Languste
lasanha [la'sanja]	Lasagne
misto quente ['misto 'keintschi]	Toast mit Schinken und Käse
o pastel, o pastelzinho [pas'täu pastäu'sinjo]	gefüllte Blätterteigpastete
o peixe frito ['peischi 'frito]	Portion gegrillter Fisch
salaminho [sala'minjo]	Toast mit Salami
salgadinhos [sauga'dinjos]	Salzgebäck
o sanduíche [sandu'ischi]	Sandwich
X-burger [schieß-'burger]	Toast mit Tomaten und Salat

Carnes e aves	**Fleisch und Geflügel**
almondega [au'mondega]	Fleischklößchen
assado [a'ßado]	Braten
o bife ['bifi]	Steak; Beefsteak
o bife à milanesa ['bifi a mila'nesa]	Wienerschnitzel
cabra ['kabra]	Ziege
cabrito [ka'brito]	Zicklein
caça ['kasa]	Wild
a carne ['karni]	Fleisch
a carne de boi ['karni di 'boi]	Rindfleisch
a carne de porco ['karni di 'porko]	Schweinefleisch
a carne de vitela ['karni di wi'tela]	Kalbfleisch
a carne moída ['karni mo'ida]	Hackfleisch
carneiro [kar'neiro]	Lamm, Hammel
coelho [ko'eljo]	Kaninchen
costela [kos'tela]	Kotelett
coxa de frango ['koscha di 'frango]	Hähnchenschenkel
o escalope [es'kalopi]	Schnitzel
fígado ['figado]	Leber
o filé [fi'lä]	Filet
frango assado ['frango a'ßado]	Brathähnchen
galinha d'angola [ga'linja dan'gola]	Perlhuhn
galinha [ga'linja]	Huhn
ganso ['ganso]	Gans
guisado [gi'sado]	Ragout
a lebre ['lebri]	Hase
leitão [lei'tau]	Spanferkel
língua ['lingwa]	Zunge
miolo [mi'olo]	Hirn
pato ['pato]	Ente
os pastéis [pas'teis]	Pastete
peito de frango ['peito di 'frango]	Hühnerbrust

o perú [pe'ru]	Truthahn
presunto [pre'sunto]	Schinken
presunto cru [pre'sunto kru]	roher Schinken
rabada ['rabada]	Ochsenschwanz
os rins [rins]	Nieren
os rolinhos de carne [ro'linjos di 'karni]	Rouladen
o rostbife [rost'bifi]	Roastbeef
salsicha [sau'sischa]	Wurst

Peixe e mariscos — Fisch und Meeresfrüchte

o arenque [a'ranki]	Hering
o atum [a'tum]	Thunfisch
o bacalhau [bakal'jau]	Kabeljau
bacalhoada [bakaljo'ada]	Kabeljaugericht
os camarões [kama'rois]	Garnelen
os camarões grandes [kama'rois 'grandsches]	Scampi
carangueijo [karan'gescho]	Krebs
casquinha de siri [kas'kinja di si'ri]	gefüllter Taschenkrebs
lagosta [la'gosta]	Languste
lambrettas [lam'brettas]	Muscheln
linguado [lingu'ado]	Seezunge
lula ['lula]	Tintenfisch
mariscos [ma'riskos]	Meeresfrüchte
os mexilhões [meschil'jois]	Miesmuscheln
ostras ['ostras]	Austern
o peixe ['peischi]	Fisch
polvo ['polwo]	Krake
salmão [sau'mau]	Lachs
sardinha [sar'dinja]	Sardine
o siri [si'ri]	Taschenkrebs
truta ['truta]	Forelle

Legumes — Gemüse

o abacate [aba'katschi]	Avocado
abóbora [a'bobora]	Kürbis
agrião [agri'au]	Kresse
o aipim [ai'ping]	Maniokwurzel
aipo [ai'po]	Sellerie
alcachofra [alka'schofra]	Artischocke
o alface [al'fasi]	Kopfsalat
batata [ba'tata]	Kartoffel
batatas cozidas [ba'tatas ko'sidas]	Salzkartoffeln
beringela [berin'schela]	Aubergine

beterraba [bete'haba]	Rote Beete
o brócoli ['brokoli]	Brokkoli
cebola [se'bola]	Zwiebel
cenoura [se'noura]	Rübe
chicória [schi'koria]	Endiviensalat
o chuchú [schu'schu]	Christofine
o chucrute [schu'krutschi]	Kraut
cogumelos ['kogu'melos]	Pilze
a couve-de-bruxelas ['kouwi di bru'schelas]	Rosenkohl
a couve-flôr ['kouwi-flor]	Blumenkohl
a couve manteiga ['kouwi man'teiga]	Wirsingkohl
ervilha [er'wilja]	Erbse
espargo [es'pargo]	Spargel
o espinafre [espi'nafri]	Spinat
feijão [fei'schau]	Bohnen
grão de bico ['grao di 'biko]	Kichererbsen
jiló [schi'lo]	Gombos
lentilhas [len'tiljas]	Linsen
mandioca [mandi'oka]	Maniok
milho verde ['miljo 'werdschi]	gekochter Maiskolben
palmito [pau'mito]	Palmherz
pepino [pe'pino]	Gurke
pimentão [pimen'tau]	Paprikaschote
as rabanetes [raba'netsches]	Radieschen
salada mista [sa'lada 'mista]	gemischter Salat
salsa ['sausa]	Petersilie
o tomate [to'matschi]	Tomate
trufas ['trufas]	Trüffel

Frutas	**Früchte**
o abacaxi [abaka'schi]	Ananas
banana [ba'nana]	Banane
o cajú [ka'schu]	Cashewkerne
o caqui [ka'ki]	Kakifrucht
castanha [kas'tanja]	Kastanie
cereja [se'rescha]	Kirsche
côco ['koko]	Kokosnuss
os damascos [da'maskos]	Aprikose
figo ['figo]	Feige
goiaba [goi'aba]	Guave
laranja [la'ranscha]	Apfelsine
limão [li'mau]	Limette, Zitrone
maçã [ma'sa]	Apfel
mamão [ma'mau]	Papaya

o maracujá [maraku'scha]	Passionsfrucht
melancia [melan'sia]	Wassermelone
melão [me'lau]	(Honig-)Melone
morango [mo'rango]	Erdbeere
pêra ['pera]	Birne
pêssego ['peßego]	Pfirsich
tangerina, mexirica [tansche'rina meschi'rika]	Mandarine
uva ['uwa]	Weintraube

Sobremesa — Nachspeisen

o creme ['kremi]	Creme
o sorvete [sor'wetschi]	Eis
o colegial [koleschi'au]	mit Schokoladensoße und Krokant
o picolé [piko'lä]	Eis am Stil
o arroz doce [a'hos 'dosi]	Reispudding
biscoitos [bis'koitos]	Kekse
bolo ['bolo]	Kuchen
o chantily [schanti'li]	Schlagsahne
cocada [ko'kada]	süße (kandierte) Kokosnuss
compota [kom'pota]	Kompott
creme de leite ['kremi di 'leitschi]	Sahne
os doces ['doses]	Süßigkeiten
goiabada [goia'bada]	Guavenbrei
o mel ['mäu]	Honig
o pudim de leite [pu'ding di 'leitschi]	Pudding mit Karamellsoße
salada de frutas [sa'lada di 'frutas]	Fruchtsalat
sonho ['sonjo]	Krapfen
torta ['torta]	Torte

Café — Kaffee

o café [ka'fä]	Kaffee
o café com leite [ka'fä kon 'leitschi]	Kaffee mit Milch
com açúcar [kon a'sukar]	mit Zucker
com adoçante [kon ado'santschi]	mit Süßstoff
cafézinho [kafä'sinjo]	kleiner schwarzer Kaffee
pingado [pin'gado]	Milchkaffee
o chá [scha]	Tee

Lista das bebidas — Getränkekarte

Die gängigsten Getränke im Restaurant sind das Flaschenbier *(cerveja)* und der Schnaps *(cachaça)*. Auch *Caipirinha*, das brasilianische Nationalgetränk, sollte man unbedingt probieren. Es besteht aus zerdrückten Limetten, feinem Zucker, Kokosschnaps und zerstoßenem Eis.
Im Süden Brasiliens gibt es neben den hervorragenden argentinischen und chilenischen gute brasilianische Weine.
In Gesellschaft bestellt man immer abwechselnd und schenkt seinem Gegenüber ständig nach.

água de côco ['agwa di 'koko]	Kokosmilch, Kokoswasser
água mineral ['agwa mine'rau]	Mineralwasser
com gás [kon gas]	mit Kohlensäure
sem gás [seing gas]	ohne Kohlensäure
água tônica ['agwa 'tonika]	Tonicwater
caldo de cana ['kaldo di 'kana]	Rohrzuckersaft
o frapé [fra'pe], **o milkshake** ['milkscheik]	Milchshake
o guaraná [guara'na]	Limonade mit Guaraná-Geschmack
laranjada [laran'schada]	Orangensaft
o refrigerante [refrische'rantschi]	Erfrischungsgetränk
soda ['soda]	Sprudel (süß)
suco ['suko]	Fruchtsaft
vitamina [wita'mina]	Fruchtsaft mit Milch
vitamina mista [wita'mina 'mista]	Fruchtsaft aus mehreren Früchten mit Milch
cachaça [ka'schasa]	Zuckerrohrschnaps
caipiríssima [kaipi'rißima]	Caipirinha mit Rum
o chop ['schopi]	Fassbier
cerveja preta [ser'wescha 'preta]	Malzbier
o conhaque [kon'jaki]	Kognak
o gin ['tschin]	Gin
o licor [li'kor]	Likör
pinga ['pinga]	Zuckerrohrschnaps
o rum [rum]	Rum
o sherry ['scheri]	Sherry
o vermute [wer'mutschi]	Wermut
vinho ['winjo]	Wein
vinho branco ['winjo 'branco]	Weißwein
vinho da mesa ['winjo da 'mesa]	Tischwein
vinho do Porto ['winjo do 'porto]	Portwein
vinho espumante ['winjo espu'mantschi]	Schaumwein, Sekt
vinho rosé ['winjo ro'se]	Rosé
vinho tinto ['winjo 'tinto]	Rotwein

Besichtigungen und Ausflüge

Im Fremdenverkehrsamt

Ich möchte einen Stadtplan kaufen.	**Quero comprar um mapa.** ['kero kom'prar um 'mapa]
Gibt es Stadtrundfahrten?	**Tem excursões para visitar a cidade?** [teng eskur'sois 'para wisi'tar a si'dadschi]
Was kostet die Rundfahrt?	**Quanto custa a excursão?** ['kwanto 'kusta a eskur'sau]
Haben Sie einen Veranstaltungskalender für diese Woche?	**Tem um programa dos espetáculos desta semana?** [teng um pro'grama dos espe'takulos 'desta se'mana]

Sehenswürdigkeiten – Museen

Öffnungszeiten – Führungen

Metropolen wie São Paulo, Rio de Janeiro und Salvador bieten eine Unmenge interessanter Museen und Galerien. In São Paulo findet alle zwei Jahre die größte Ausstellung zeitgenössischer Kunst Lateinamerikas statt.

Welche Sehenswürdigkeiten gibt es hier?	**O que há aqui de interessante para ver?** [o ke a a'ki di intere'ßantschi 'para wer]
Wir möchten ... besichtigen.	**Queremos visitar ...** [ke'remos wisi'tar]
Wann öffnet das Museum?	**Quando o museu abre?** ['kwando o mu'seu 'abri]
Gibt es eine Führung in diesem Museum?	**Tem um guia nesse museu?** [teng um 'gia 'neßi mu'seu]
Darf man hier fotografieren?	**Pode fotografar aqui?** ['podschi fotogra'far a'ki]

Was? Wann? Wo?

Ist das ...?	**Isto é ...?** ['isto ä]
Was ist das für ein Gebäude?	**Que edifício é esse?** [ke edi'fisio ä 'eßi]
Was für eine Kirche ist das?	**Que igreja é essa?** [ke i'grescha ä 'äßa]

Wann wurde dieses Gebäude erbaut/restauriert?	**Quando foi construído/restaurado este edificío?** ['kwando foi konstru'ido/restau'rado 'esti edi'fisio]
Von wem ist dieses Bild?	**Quem é o autor deste quadro?** [keing ä o au'tor 'desti 'kwadro]

Abtei	**abadia** [aba'dia]
Akt	**o nu** [nu]
Altar	**o altar** [au'tar]
Altstadt	**a cidade velha** [si'dadschi 'welja]
antik	**antigo** [an'tigo]
Aquarell	**aguarela** [agwa'rela]
Archäologie	**arqueologia** [arkeolo'schia]
Architekt	**arquiteto** [arki'täto]
Architektur	**arquitetura** [arkitä'tura]
Ausgrabungen	**as escavações** [eskawa'sois]
Ausstellung	**a exposição** [esposi'sau]
barock/Barock	**barroco** [ba'hoko]
Bauwerk	**edifício** [edi'fisio], **a construção** [konstru'sau]
Besichtigung	**visita** [wi'sita]
Bild	**quadro** ['kwadro]
Bildhauer	**escultor** [eskul'tor]
Blütezeit	**o apogeu** [apo'scheu]
Bogen	**arco** ['arko]
Brücke	**a ponte** ['pontschi]
Brunnen	**a fonte** ['fontschi]
Burg	**castelo** [kas'telo]
Christentum	**cristianismo** [kristia'nismo]
Dach	**telhado** [tel'jado]
Decke	**teto** ['täto]
Denkmal	**monumento** [monu'mento]
Denkmalschutz	**tombado pelo patrimônio histórico** [tom'bado 'pelo patri'monio is'torico]
Dom	**a catedral** [kate'drau]
Dynastie	**dinastia** [dinas'tia]
Epoche	**época** ['äpoka]
Exponat	**objeto exposto** [ob'scheto es'posto]
Fassade	**fachada** [fa'schada]
Fenster	**janela** [scha'nela]
Festung	**fortaleza** [forta'lesa]
Flügel	**asa** ['asa]
Fotografie	**fotografia** [fotogra'fia]
Fremdenführer	**o/a guia turistíco** ['gia turis'tiko]
Friedhof	**cemitério** [semi'terio]
Führung	**visita com guia** [wi'sita kon 'gia]
Funde	**os achados** [a'schados]
Galerie	**galeria** [gale'ria]

Olinda bei Recife

Gebäude	**edifício** [edi'fisio]
Geburtsstadt	**a cidade natal** [si'dadschi na'tau]
Gedenkstätte	**casa-museu** ['kasa-mu'seu]
Gemälde	**quadro, pintura** ['kwadro pin'tura]
Geschichte	**história** [is'toria]
Giebel	**frontão** [fron'tau]
Glasmalerei	**pintura em vidro** [pin'tura eing 'widro]
Goldschmiedekunst	**ourivesaria** [ouriwesa'ria]
Grab	**túmulo** ['tumulo]
Grabmal	**túmulo** ['tumulo]
Grafik	**as artes gráficas** [as 'artsches 'grafikas]
heidnisch	**pagão** [pa'gau]
Holzschnitt	**gravura em madeira** [gra'wura eing ma'deira]
Innenhof	**pátio interior** ['patio interi'or]
Inschrift	**a inscrição** [inskri'sau]
Jahrhundert	**século** ['säkulo]
Kaiser/in	**o imperador / a imperatriz** [impera'dor/impera'tris]
Kanzel	**púlpito** ['pulpito]
Kapelle	**capela** [ka'pela]
Kathedrale	**a catedral** [kate'drau]
Keramik	**cerâmica** [se'ramika]
Kirche	**igreja** [i'grescha]
Kirchturm	**a torre** ['tohi]
Kloster	**mosteiro** [mos'teiro]
König/in	**o rei / a rainha** [hei/ha'inja]
Kopie	**cópia** ['kopia]
Kreuz	**a cruz** [krus]

Kreuzgang	**claustro** ['klaustro]
Kruzifix	**crucifixo** [krusi'fixo]
Kunst	**a arte** ['artschi]
Kunstgewerbe	**artesanato** [artesa'nato]
Kuppel	**cúpula** ['kupula]
Lithografie	**litografia** [litogra'fia]
Maler/in	**pintor/pintora** [pin'tor/pin'tora]
Malerei	**pintura** [pin'tura]
Markt	**mercado** [mer'kado]
Markthalle	**mercado coberto** [mer'kado ko'berto]
Material	**o material** [materi'au]
Mauer	**muro** ['muro]
Mausoleum	**o mausoléu** [mauso'leu]
Mittelalter	**a Idade Média** [i'dadschi 'mädia]
modern	**moderno** [mo'derno]
Mosaik	**mosaico** [mo'saiko]
Museum	**o museu** [mu'seu]
Oper	**ópera** ['opera]
Original	**o original** [orischi'nau]
Palast	**palácio** [pa'lasio]
Plakat	**o cartaz** [kar'tas]
Plastik	**escultura** [eskul'tura]
Platz	**praça** ['prasa]
Portal	**o portal** [por'tau]
Porträt	**retrato** [re'trato]
Porzellan	**porcelana** [porse'lana]
Radierung	**a água-forte** ['agwa-'fortschi]
Rathaus	**prefeitura** [prefei'tura]
rekonstruieren	**reconstruir** [rekonstru'ir]
Religion	**a religião** [relischi'au]
Renaissance	**Renascença** [rena'sensa]
restaurieren	**restaurar** [restau'rar]
Ruine	**ruína** [ru'ina]
Säule	**coluna** [ko'luna]
Schatzkammer	**tesouro** [te'souro]
Schloss	**palácio** [pa'lasio], **castelo [kas'telo]**
Schnitzerei	**talha** ['talja]
Sehenswürdigkeiten	**monumentos** [monu'mentos]
Skulptur	**escultura** [eskul'tura]
Stadtmauer	**as muralhas da cidade** [mu'raljas da si'dadschi]
Stadtrundfahrt	**visita à cidade** [wi'sita a si'dadschi]
Statue	**estátua** [e'statua]
Stil	**estilo** [e'stilo]
Stilleben	**natureza morta** [natu'resa 'morta]
Terrakotta	**terracota** [teha'kota]
Theater	**teatro** [te'atro]
Töpferei	**olaria** [ola'ria]
Tor	**portão** [por'tau]
Turm	**torre** ['tohi]

Tusche	**tinta da China** ['tinta da 'schina]
Überreste	**restos** ['restos]
Universität	**a universidade** [uniwersi'dadschi]
Vase	**vaso** ['waso]
Volkskundemuseum	**o museu de entologia** [mu'seu di entolo'schia]
vorgeschichtlich	**pré-histórico** [prä-is'toriko]
Wahrzeichen	**símbolo** ['simbolo]
Wallfahrtskirche	**santuário** [santu'ario]
wieder aufbauen	**reconstruir** [rekonstru'ir]
Zeichnung	**desenho** [de'senjo]

Ausflüge

Aus Sicherheits- und moralischen Gründen sollte man keine organisierten Ausflüge in die *Favelas* (Slums) unternehmen!

Kommen wir am/an ... vorbei?	**Passamos pelo/por ...?** [pa'ßamos 'pelo/por]
Besichtigen wir auch ...?	**Vamos visitar também ...?** ['wamos visi'tar tam'being]
Wann fahren wir zurück?	**A que horas voltamos?** [a ke 'oras wol'tamos]

An bestimmten Küsten kann man sich von Fischern zu einsamen Inseln mit traumhaften Stränden und kristallklarem Wasser schippern lassen, tagsüber Robinson spielen und sich am späten Nachmittag wieder abholen lassen.

Für einen Tag Robinson ...

Wir möchten auf eine Insel.	**Nós queremos ir para uma ilha.** [nos ke'remos ir 'para 'uma 'ilja]
Sie heißt …	**Ela se chama …** ['ela si 'schama]
Wie viel wird es kosten?	**Quanto vai custar?** ['kwanto wai kus'tar]
Gibt es dort schöne Strände?	**Tem praias bonitas lá?** [teng 'praias bo'nitas la]
Kann man dort baden/tauchen?	**Se pode tomar um banho / mergulhar?** [si 'podschi to'mar um 'banjo/mergul'jar]
Gibt es dort einen Imbiss / ein Restaurant / eine Bar?	**Lá tem uma lanchonete / um restaurante / um bar?** [la teng 'uma lanscho'nätschi/um restau'rantschi/um bar]
Können Sie uns um 5 Uhr wieder abholen?	**Você pode buscar a gente às cinco horas?** [wo'se 'podschi bus'kar a 'scheintschi as 'sinko 'oras]
Kann man dort übernachten?	**Se pode pernoitar la?** [si 'podschi pernoi'tar la]
Haben Sie …	**Tem …** [teng]
eine Hängematte?	**uma rede?** ['uma 'redschi]
ein Moskitonetz?	**um mosquiteiro?** [um moski'teiro]
eine Dusche?	**um chuveiro?** ['um schu'weiro]
Wann wird der Generator angestellt/abgestellt?	**A que horas o gerador vai ser ligado/desligado?** [a ke 'oras o schera'dor wai ser li'gado/desli'gado]

Ausflug	**a excursão, passeio** [eskur'sau pa'ßeio]
Aussichtspunkt	**ponto de visão** ['ponto di wi'sau]
Bergdorf	**vila da montanha** ['wila da mon'tanja]
Botanischer Garten	**o jardim botânico** [schar'dim bo'taniko]
Drehorgel	**realejo** [rea'lescho]
Fischerhafen	**porto de pesca** ['porto di 'peska]
Fischerort	**vila de pescadores** ['wila di peska'dores]
Freizeitpark	**parque de diversão** ['parki di diwer'sau]
Gebirge	**serra, montanhas** ['seha mon'tanjas]
Grotte	**gruta** ['gruta]
Hinterland	**interior** [interi'or]
Höhle	**caverna** [ka'werna]
Inselrundfahrt	**a excursão pela ilha** [eskur'sau 'pela 'ilja]
Künstlerviertel	**bairro dos artistas** ['baiho dos ar'tistas]
Landschaft	**a paisagem** [pai'sascheing]
Markt	**mercado** [mer'kado]
Nationalpark	**o parque nacional** ['parki nasio'nau]

Naturschutzgebiet	**reserva natural** [re'serwa natu'rau]
Riff	**o recife** [re'sifi]
Safaripark	**safari** [sa'fari]
Schlucht	**garganta** [gar'ganta]
See	**lago** ['lago]
Sehenswürdigkeit	**ponto turístico** ['ponto tu'ristiko]
Slum	**favela** [fa'wäla]
Sternwarte	**observatório astronômico** [obserwa'torio astro'nomiko]
Straßenmarkt	**feira** ['feira]
Tagesausflug	**a excursão de um dia** [eskur'sau di um 'dschia]
Tal	**o vale** ['wali]
Tropfsteinhöhle	**gruta de estalatites** ['gruta di estala'tites]
Umgebung	**os arredores** [ahe'dores]
Vogelschutzgebiet	**reserva ornitológica** [re'serwa ornito'loschika]
Wald	**floresta** [flo'resta]
Waldbrand	**incêndio florestal** [in'sendio flores'tau]
Wallfahrtsort	**o lugar de peregrinação** [lu'gar di peregrina'sau]
Wasserfall	**catarata** [kata'rata]

Die berühmten Wasserfälle von Iguaçu

Wildreservat	**reserva de caça** [re'serwa di ka'sa]
Zoo	**o jardim zoológico** [schar'dim so'loschiko]

Bade- und Aktivurlaub

Badeurlaub

Brasilien hat über 8000 Kilometer Atlantik-Strand. Besonders am Wochenende sind beliebte Strände hoffnungslos überfüllt. Achten Sie auf Strömungen im Meer und meiden Sie Strandabschnitte von Hotels in Großstädten, in denen Kanalisationsröhren ins Meer ragen... FKK *(nudismo)* ist – außer an den selten vorzufindenden und dann speziell gekennzeichneten Abschnitten – verpönt.

Wie komme ich zum Strand?	**Como faço para ir à praia?** ['komo 'faso 'para ir a 'praia]
Kann man hier gefahrlos schwimmen?	**Se pode nadar sem perigo?** [si 'podschi na'dar seing pe'rigo]
Gibt es Strömungen?	**Tem correnteza aqui?** [teng kohen'tesa a'ki]
Ist es für Kinder gefährlich?	**É perigoso para as crianças?** [ä peri'goso 'para as kri'ansas]
Wann ist Ebbe/Flut?	**A que horas é a maré baixa/alta?** [a ke 'oras ä a ma'rä 'baischa/'auta]
Kann man hier tauchen?	**Pode se mergulhar aqui?** ['podschi si mergul'jar a'ki]

Só para nadadores!	**É proibido tomar banho!**	**É proibido saltar na piscina!**
Nur für Schwimmer!	Baden verboten!	Hineinspringen verboten!

Wo kann ich ein/eine ... mieten?	**Onde posso alugar um/uma...?** ['ondschi 'poßo alu'gar]
Wie viel kostet es pro Tag/Stunde?	**Quanto custa por dia/ hora?** ['kwanto 'kusta por 'dschia/'ora]

Badebucht	**baía com praia** [ba'ia kon 'praia]
Bademeister/in	**o salva-vidas** ['sauwa-'widas]
Bootsverleih	**o aluguel de barcos** [alu'gäu di 'barkos]
FKK-Strand	**praia de nudismo** ['praia di nu'dismo]
Liegestuhl	**espreguiçadeira** [espregisa'deira]
Luftmatratze	**colchão de ar** [kol'schau di ar]
Nichtschwimmer	**não nadador** [nau nada'dor]
Schlauchboot	**bote** ['botschi]
Schnorchel	**respirador** [respira'dor]
Schwimmbad	**piscina** [pi'sina]

schwimmen	**nadar** [na'dar]
Schwimmflosse	**o pé de pato** [pä di 'pato]
Schwimmflügel	**bóia para crianças** ['boia 'para kri'ansas]
Schwimmring	**bóia** ['boia]
Sonnenbrand	**queimadura do sol** [keima'dura do sol]
Sonnenschirm	**o guarda-sol** [gu'arda-sol]
Surfbrett	**prancha de surf** ['panscha di surf]
Surfen	**o surf** [surf]
tauchen	**mergulhar** [mergul'jar]
Taucherausrüstung	**equipamento de mergulho** [ekipa'mento di mer'guljo]
Taucherbrille	**óculos de mergulho** ['okulos di mer'guljo]
Tretboot	**pedalinho** [peda'linjo]
Wellenreiten	**o windsurf** ['windsörf]

Aktivurlaub und Sport

Welche Sportmöglichkeiten gibt es hier?	**Que esportes se podem praticar aqui?** [ke es'portes si 'podschem prati'kar a'ki]
Ich möchte einen …-Kurs machen.	**Quero fazer um curso de…** ['kero fa'ser um 'kurso di]
Welchen Sport treiben Sie?	**Que esporte você pratica?** [ke es'portschi wo'se pra'tika]
Ich spiele …	**Eu jogo …** ['eu 'schogo]
Ich bin ein Fan von…	**Sou um fãn de…** [sou um fa di]
Ich gehe gern …	**Gosto de ir …** ['gosto di ir]
Kann ich mitspielen?	**Também posso jogar?** [tam'being 'poßo scho'gar]

Ausritt	**passeio a cavalo** [pa'ßeio a ka'walo]
Ball	**bola** ['bola]
Basketball	**o basquetebol** [basketsch'bol]
Doppel	**jogo de pares** ['schogo di 'pares]
Drachenfliegen	**vôo de asa delta** [wou di 'asa 'delta]
Fallschirmspringen	**o páraquedismo** ['parake'dismo]
Federball	**peteca** [pe'täka]
Fitnesscenter	**centro de fitnes** ['sentro di 'fitnes]
Fußball	**o futebol** ['futebol]
gewinnen	**ganhar** [gan'jar]
Golf	**o golfe** ['golfi]
Gymnastik	**ginástica** [schi'nastika]

Halbzeit	**meio-tempo** ['meio-'tempo]
Handball	**o handebol** [hande'bol]
Jazztanz	**dança com musica de jazz** ['dansa kon 'musika di tschäs]
joggen	**fazer jogging** [fa'ser 'schoging]
Jogging	**o jogging** ['schoging]
Kanu	**canoa** [ka'noa]
kegeln	**boliche** [bo'lischi]
Leichtathletik	**atletismo** [atle'tismo]
Mannschaft	**o time** ['timi]
Meisterschaft	**campeonato** [kampeo'nato]
Minigolf	**o mini golfe** ['mini'golfi]
Motorboot	**barco a motor** ['barko a 'motor]
Motorsport	**motociclismo e automobilismo** [moto'siklismo i automobi'lismo]
Netz	**a rede** ['redschi]
Paddelboot	**canoa** [ka'noa]
Pferd	**cavalo** [ka'walo]
Rad fahren	**andar de bicicleta** [an'dar di bisi'kleta]
Radrennen	**corrida de bicicletas** [ko'hida di bisi'kletas]
Radsport	**ciclismo** [si'klismo]
Radtour	**passeio de bicicleta** [pa'ßeio di bisi'kleta]
Regatta	**regata** [re'gata]
reiten	**andar à cavalo** [an'dar a ka'walo]
Ruderboot	**barco a remos** ['barko a 'remos]
rudern	**remo** ['remo]
Rugby	**o rúgbi** ['rugbi]
Sand	**areia** [a'reia]
Segelboot	**barco à vela** ['barko a 'wäla]
Segelfliegen	**vôo de planador** [wou di plana'dor]
Skateboard	**o skate** ['skeitsch]
Solarium	**solário** [so'lario]
Sportler/in	**o/a esportista** [espor'tista]
Sportplatz	**campo de esporte** ['kampo di es'portschi]
Squash	**o squash** [skwäsch]
Tennis	**o tênis** ['tänis]
Tennisschläger	**raquete de tênis** [ra'kätschi di 'tänis]
Tischtennis	**o pingue-pongue** ['ping-'pong]
Volleyball	**o voleibol** [wolei'bol]
Wettkampf	**a competição** [kompeti'sau]

Sportveranstaltungen besuchen

Welche Sportveranstaltungen gibt es hier?
Que modalidade esportiva há aqui? [ke modali'dadschi espor'tiwa a a'ki]

Ein Fußballspiel in dem im Jahre 1960 erbauten Maracana-Stadion in Rio de Janeiro ist ein beeindruckendes und unvergessliches Erlebnis.

Ich möchte mir das Fußballspiel ansehen.
Quero ver o jogo de futebol. ['kero wer o 'schogo di fute'bol]

Wann/Wo findet es statt?
Quando/Onde é? ['kwando/'ondschi ä]

Wer spielt?
Quem está jogando? [keing es'ta scho'gando]

Wie steht's?
Quanto está o jogo? ['kwanto es'ta o 'schogo]

Wer schoss das Tor?
Quem fêz o gol? [keing fäs o gol]

Wer ist der Spieler Nummer 13?
Quem é o jogador número treze? [keing ä o schoga'dor 'numero 'tresi]

Abseits — **impedimento** [impedi'mento]
Ball — **bola** ['bola]
Eckstoß — **escanteio** [eskan'teio]
Elfmeter — **o penalti** ['pänautschi]
Foulspiel — **falta** ['fauta]
Fußball — **o futebol** [fute'bol]

Fußballplatz bei Niedrigwasser am westlichen Amazonas

Fußballplatz — **campo de futebol** ['kampo di fute'bol]

Gelbe Karte	**cartão amarelo** [kar'tau ama'relo]
gewinnen	**vencer** [wen'ser]
Linksaußen	**o ponta esquerda** ['ponta es'kerda]
Mittelstürmer	**centro avante** ['sentro a'wantschi]
Niederlage	**derrota** [dä'hota]
Rechtsaußen	**o ponta direita** ['ponta di'reita]
Rote Karte	**cartão vermelho** [kar'tau wer'meljo]
Schiedsrichter	**o juíz** [schu'is]
Sieg	**vitória** [wi'toria]
Spiel	**jogo** ['schogo]
Spieler	**o jogador** [schoga'dor]
Stadion	**estádio** [e'stadio]
Sturm, Angriff	**o ataque** [a'taki]
Tor	**o gol** [gol]
ein Tor schießen	**marcar um gol** [mar'kar um gol]
Torwart	**goleiro** [go'leiro]
unentschieden	**o empate** [em'patschi]
Verteidiger	**o defesa** [de'fesa]

Unterhaltung

Theater – Konzert – Kino

Theater- und Konzertkarten sollte man einige Tage im Voraus reservieren. Die klimatisierten Kinos zeigen oft die neuesten amerikanischen Hits mit brasilianischen Untertiteln – hier ist Schlangestehen angesagt.

Welches Stück wird im Theater gespielt?	**Qual é a peça que está em cartaz no teatro?** [kwau ä a 'päsa ke es'ta eing kar'tas no te'atro]
Was läuft im Kino?	**Qual filme está passando no cinema?** [kwau 'filmi es'ta pa'ßando no si'nema]
Können Sie mir ein gutes Theaterstück / einen guten Film empfehlen?	**Pode-me recomendar uma boa peça no teatro / um bom filme?** [podschimi rekomen'dar 'uma 'boa 'päsa no te'atro/um bong 'filmi]
Wann beginnt die Vorstellung?	**A que horas começa o espetáculo?** [a ke 'oras ko'mäsa o espe'takulo]
Wo bekommt man Karten?	**Onde se pode comprar os bilhetes?** ['ondschi si 'podschi kom'prar os bil'jetsches]
Bitte zwei Karten für heute Abend.	**Dois bilhetes para hoje à noite.** ['dois bil'jetsches 'para 'oschi a 'noitschi]
Bitte zwei Plätze zu …	**Dois bilhetes de …, por favor.** ['dois bil'jetsches di … por fa'wor]
Kann ich ein Programm haben?	**Pode me dar um programa?** ['podschi mi dar 'um pro'grama]

Eintrittskarte	**o bilhete** [bil'jetschi], **ingresso** [in'gräßo]
Garderobe	**vestiário** [westi'ario]
Festival	**o festival** [festi'wau]
Jahrmarkt	**feira** ['feira]
Kasse	**bilheteria** [biljete'ria]
Pause	**intervalo** [inter'walo], **pausa ['pausa]**
Programm	**o programa** [pro'grama]
Veranstaltungskalender	**o programa** [pro'grama], **calendário dos espetáculos** [kalen'dario dos espe'takulos]
Vorstellung	**a representação** [representa'sau], **espetáculo** [espe'takulo]
Vorverkauf	**venda antecipada** ['wenda antesi'pada]

Theater

Akt	**ato** ['ato]
Aufführung	**a representação** [representa'sau]
Ballett	**o balé** [ba'lä]
Drama	**o drama** ['drama]
Freilufttheater	**teatro ao ar livre** [te'atro 'ao ar 'liwri]
Inszenierung	**a encenação** [ensena'sau]
Kabarett	**o cabaré** [kaba'rä]
Kleinkunstbühne	**teatro de revista** [te'atro di re'wista]
Komödie	**comédia** [ko'mädia]
Loge	**o camarote** [kama'rotschi]
Oper	**ópera** ['opera]
Operette	**opereta** [ope'reta]
Parkett	**platéia** [pla'teia]
Premiere	**estréia** [es'treia]
Rang	**galeria** [gale'ria]
Schauspiel	**peça de teatro** ['päsa di te'atro]
Schauspieler/in	**ator, a atriz** [a'tor a'tris]
Spielplan	**o programa** [pro'grama]
Tänzer/in	**bailarino/bailarina** [baila'rino/baila'rina]
Theaterstück	**peça de teatro** ['päsa di te'atro]
Tragödie	**tragédia** [tra'schädia]
Varietee	**as variedades** [warie'dadsches]
Volksstück	**peça popular** ['päsa popu'lar]

Konzert

Chor	**coro** ['koro]
Dirigent	**maestro** [ma'ästro]
Komponist/in	**compositor/compositora** [komposi'tor/komposi'tora]
Konzert	**concerto** [kon'serto]
Jazzkonzert	**concerto de jazz** [kon'serto di tschäs]
Kammerkonzert	**concerto de câmara** [kon'serto di 'kamara]
Kirchenkonzert	**concerto de música sacra** [kon'serto di 'musika 'sakra]
Popkonzert	**concerto pop** [kon'serto 'pop]
Sinfoniekonzert	**concerto sinfônico** [kon'serto sin'foniko]
Musical	**o musical** [musi'kau]
Orchester	**orquestra** [or'kestra]
Sänger/in	**cantor/cantora** [kan'tor/kan'tora]
Solist/in	**o/a solista** [so'lista]

Kino

Film	**o filme** ['filmi]
Filmschauspieler/in	**ator** [a'tor], **atriz** [a'tris]
Kino	**o cinema** [si'nema]
Freilichtkino	**o cinema ao ar livre** [si'nema 'ao ar 'liwri]
Originalfassung	**a versão original** [wer'sau orischi'nau]
Regie	**a encenação** [ensena'sau]
Regisseur/in	**diretor/diretora** [dire'tor/dire'tora]
Hauptrolle	**o papel principal** [pa'päu prinsi'pau]
Untertitel	**legenda** [le'schenda]

Nachtleben

Das Nachtleben beginnt frühestens um 22 Uhr und dauert bis zum Morgengrauen. Wer sich auf Freiersfüßen befindet, sollte einfach mal in eine *boate* reinschauen.

Was kann man hier abends unternehmen?	**Onde podemos ir á noite?** ['ondschi po'demos ir a 'noitschi]
Gibt es hier eine Kneipe mit Musik?	**Há aqui um bar com música ambiente?** [a a'ki um bar kon 'musika ambi'eintschi]
Wo kann man hier tanzen gehen?	**Onde se pode ir dançar?** ['ondschi si 'podschi ir dan'sar]
Ein Bier, bitte.	**Uma cerveja, por favor.** ['uma ser'wescha por fa'wor]
Das Gleiche noch einmal.	**Outra vez o mesmo.** ['outra 'wes o 'mesmo]
Diese Runde übernehme ich.	**Esta rodada eu pago.** ['esta ro'dada 'eu 'pago]
Wollen wir (noch einmal) tanzen?	**Vamos dançar (outra vez)?** ['wamos dan'sar ('outra 'wes)]
Was wollen wir anschließend machen?	**O que vamos fazer depois daqui?** [o ke 'wamos fa'ser de'pois da'ki]

Abendgarderobe	**trage a rigor** ['traschi a ri'gor]
ausgehen	**sair** [sa'ir]
Band	**conjunto** [kon'schunto], **banda** ['banda]
Bar	**o bar** [bar]
Diskothek	**discoteca** [disko'teka]

Folklore	**o folclore** [fol'klori]
Folkloreabend	**o show folclórico** ['schou fol'kloriko]
Kneipe	**bar** [bar]
Live-Musik	**música ao vivo** ['musika 'ao 'wiwo]
Modenschau	**o desfile de modas** [des'fili di 'modas]
Nachtclub	**a boate** [bo'atschi]
Party	**festa** ['festa]
Show	**o show** [schou]
Spielcasino	**cassino** [ka'ßino]
tanzen	**dançar** [dan'sar]
Tanzkapelle	**orquestra** [or'kestra]

Karneval

Der Karneval in Rio, das alljährlich größte Spektakel Brasiliens, findet zur gleichen Zeit wie unser Fasching statt. Über 250.000 Personen sind an diesem Fest, das wichtiger als Weihnachten und Ostern ist, direkt und indirekt beteiligt. Sämtliche Sambaschulen haben sich fast ein Jahr lang mit kunstvoll gefertigten Kostümen und perfekt einstudierten Tänzen auf ihren Auftritt vorbereitet. Fast alle Mitglieder kommen aus den *Favelas* (Slums). Durch den recht hoch dotierten Hauptgewinn hoffen sie, zu etwas Wohlstand zu gelangen.
Der jährlich pünktlich zum Karneval erscheinende *Insider's Guide to Carnival* führt einen in die Mysterien dieses Spektakels ein, stellt alle Sambaschulen vor und nennt auch Preise.

Wo bekomme ich Karten für das Sambadrom?	**Onde eu posso comprar entrada para o sambódromo?** ['ondschi 'eu 'poßo kom'prar en'trada pa'ra o sam'bodromo]
Wann geht es los?	**Quando começa?** ['kwando ko'mäsa]
Von welcher Sambaschule bist du?	**De qual escola de samba você é?** [di kwau es'kola di 'samba wo'se ä]
Dein Kostüm ist sehr schön.	**A sua fantasia é muito bonita.** [a 'sua fanta'sia ä 'muito bo'nita]
Du hast sehr gut getanzt.	**Você dançou muito bem.** [wo'se dan'sou 'muito beng]
Wer hat den Umzug gewonnen?	**Quem ganhou o desfile?** [keing gan'jou o des'fili]
Wollen wir uns nach dem Umzug treffen?	**Vamos nos encontrar depois do desfile?** ['wamos nos enkon'trar de'pois do des'fili]

Ball	**o baile** ['baili]
Feuerwerk	**fogos de artifício** ['fogos di arti'fisio]
Kostüm *(Verkleidung)*	**fantasia** [fanta'sia]
Musikgruppe	**grupo** ['grupo], **conjunto [kon'schunto]**
Sambadrom	**sambódromo** [sam'bodromo]
Sambagruppe, Sambaschule	**escola de samba** [es'kola di 'samba]
Sambatänzer/in	**o/a sambista** [sam'bista]
Sitzplatz	**o lugar para sentar** [lu'gar 'para sen'tar]
Stehplatz	**o lugar em pé** [lu'gar eing pä]
tanzen	**dançar** [dan'sar]
Umzug	**o desfile** [des'fili]

Wer selbst einen typischen Karneval erleben möchte, sollte in eine kleinere Stadt ausweichen. Bahia oder Olinda bieten z. B. eine interessante Alternative.

Einkaufen

Unzählige Läden in jeder Straße verlocken zum Geldausgeben. Die Shoppingcenter sind größer und luxuriöser als in Europa, die Läden in Hotels und Flughäfen jedoch häufig überteuert. In kleineren Geschäften können Sie es hingegen mal mit Feilschen versuchen.
Absolute Schnäppchen kann man in São Paulo machen, wo viele Firmen eigene Läden für ihren Fabrikverkauf unterhalten. Gegen Norden wird aufgrund der langen Transportwege alles sehr teuer. Manaus, die viel gepriesene Freihandelszone für elektronische Artikel, ist für Europäer preislich uninteressant.
Die Wochenmärkte, besonders in kleinen Städten, sind ein Erlebnis für sich. So genannte Hippie-Märkte bieten Waren aus allen Landesteilen – Feilschen bringt hier Preisnachlässe bis zu 30%. Hier kann man typische Mitbringsel aus Brasilien wie Lederwaren, Keramik, Kleider, Schmuck- und Edelsteine, Holzarbeiten, indianisches Kunsthandwerk und die farbenfrohe naive Malerei wesentlich günstiger als im Shoppingcenter erwerben.

Fragen – Preise

Wo gibt es hier einen Supermarkt?	**Onde tem um supermercado?** ['ondschi teng um supermer'kado]
Wo bekommt man …?	**Onde posso comprar …?** ['ondschi 'poßo kom'prar]
Was wünschen Sie?	**O que deseja?** [o ke de'sescha]
Ich sehe mich nur um.	**Só estou olhando.** [so es'tou ol'jando]
Ich möchte dies umtauschen.	**Quero trocar isto.** ['kero tro'kar 'isto]
Ich hätte gerne …	**Eu gostaria de …** ['eu gosta'ria di]
Haben Sie …?	**O senhor / A senhora tem …?** [o sen'jor/a sen'jora teng]
Wie viel kostet das?	**Quanto custa isso?** ['kwanto 'kusta 'ißo]
Das ist mir zu teuer.	**Isso é caro demais.** ['ißo ä 'karo di'mais]
Ich möchte das Billigste.	**Eu quero o mais barato.** ['eu 'kero o mais ba'rato]
Ich nehme dies.	**Fico com esse/essa.** ['fiko kon 'eßi/'äßa]
Darf es noch etwas sein?	**Mais alguma coisa?** [mais au'guma 'koisa]

Nehmen Sie Kreditkarten/Reiseschecks?	**Aceitam cartões de credito / cheques de viagem?** [a'seitam kar'tois di 'krädito/'schekes di wi'ascheing]

Geschäfte

Andenkenladen	**loja de souvenir** ['loscha di 'suwenir]
Apotheke	**farmácia** [far'masia]
Bäckerei	**padaria** [pada'ria]
Boutique	**a boutique** [bu'tiki]
Buchhandlung	**livraria** [liwra'ria]
Drogerie	**drogaria** [droga'ria]
Einkaufszentrum	**o shopping center** ['schopping 'senter]
Eisenwarengeschäft	**loja de ferragens** ['loscha di fe'hascheings]
Elektrohandlung	**loja de artigos elétricos** ['loscha di ar'tigos e'lätrikos]
Fischgeschäft	**peixaria** [peischa'ria]
Fotogeschäft	**loja de artigos fotográficos** ['loscha di ar'tigos foto'grafikos]
Friseur	**cabeleireiro** [kabelei'reiro]
Gemüsehändler	**verdureiro** [werdu'reiro]
Juwelier	**joalheria** [schoale'ria]
Konditorei	**confeitaria** [konfeita'ria]
Kunsthändler	**o negociante de artesanatos** [negosi'antschi di artesa'natos]
Laden	**loja** ['loscha]
Lebensmittelgeschäft	**mercado** [mer'kado], **mercearia** [mersea'ria]

Warenhaus am Amazonas

Lederwarengeschäft	**loja de artigos de couro** ['loscha di ar'tigos di 'kouro]
Markt	**mercado** [mer'kado]
Metzgerei	**o açouge** [a'sougi]
Musikgeschäft	**loja de artigos musicais** ['loscha di ar'tigos musi'kais]
Optiker	**ótica** ['otika]
Parfümerie	**perfumaria** [perfuma'ria]
Reformhaus	**loja de produtos dietéticos** ['loscha di pro'dutos die'tätikos]
Reinigung, chemische	**tinturaria** [tintura'ria]
Reiseandenken	**o suvenier** [suwe'nir]
Reisebüro	**agência de viagens** [a'schänsia di wi'ascheings]
Schneiderei	**alfaiataria** [alfaiata'ria]
Schreibwarengeschäft	**papelaria** [papela'ria]
Schuhgeschäft	**sapataria** [sapata'ria]
Schuhmacher	**sapateiro** [sapa'teiro]
Spielwarengeschäft	**loja de brinquedos** ['loscha di brin'kedos]
Spirituosengeschäft	**distribuidora de bebidas** [distribui'dora di be'bidas]
Sportfachgeschäft	**loja de artigos esportivos** ['loscha di ar'tigos espor'tiwos]
Supermarkt	**supermercado** [supermer'kado]
Süßwarengeschäft	**doceria** [dose'ria]
Tabakladen	**tabacaria** [tabaka'ria]
Trödler	**ferro-velho** ['feho-'weljo]
Uhrmacher	**relojoeiro** [reloscho'eiro]
Wäscherei/Waschsalon	**lavanderia** [lawande'ria]
Zeitungskiosk	**banca de jornal** ['banka di schor'nau]

Bücher und Schreibwaren

Die internationale Presse erhält man in São Paulo, Rio und in den großen Hotels. In der in São Paulo herausgegebenen deutschen Wochenzeitung *Jornal Alemão* findet man aktuelle Nachrichten aus der Heimat.

Haben Sie deutsche Zeitungen/Zeitschriften?	**Tem jornais /revistas alemães?** [teng schor'nais/re'wistas ale'mais]
Ich hätte gern …	**Quero …, por favor.** ['kero … por fa'wor]

Ansichtskarte	**o postal** [pos'tau]
Bleistift	**o lápis** ['lapis]
Briefpapier	**o papel de carta** [pa'päu di 'karta]
Briefumschlag	**o envelope** [enwe'lopi]
Farbstift	**o lápis de cor** ['lapis di kor]

Illustrierte	**revista** [re'wista]
Klebstoff	**cola** ['kola]
Kochbuch	**livro de receitas** ['liwro di re'seitas]
Kugelschreiber	**caneta esferográfica** [ka'neta esfero'grafika]
Landkarte	**o mapa** ['mapa]
Malbuch	**livro de desenho** ['liwro di de'senjo]
Papier	**o papel** [pa'päu]
Reiseführer	**o guía turístico** ['gia tu'ristiko]
Stadtplan	**planta da cidade** ['planta da si'dadschi]
Straßenkarte	**o mapa das estradas** ['mapa das es'tradas]
Taschenbuch	**livro de bolso** ['liwro di 'bolso]
Zeitschrift	**revista** [re'wista]
Zeitung	**o jornal** [schor'nau]

Drogerieartikel

Bürste	**escova** [es'kowa]
Creme	**o creme** ['kremi]
Handcreme	**o creme para as mãos** ['kremi 'para as maus]
Damenbinden	**absorvente higiênico** [absor'weintschi ischi'eniko]
Deo(dorant)	**o desodorante** [desodo'rantschi]
Duschgel	**o sabonete líquido** [sabo'nätschi 'likido]
Duschgel	**o gel** ['schäu]
Haargummi	**elástico para cabelo** [e'lastiko 'para ka'belo]
Haarklammern	**grampos para cabelo** ['grampos 'para ka'belo]
Haarspray	**fixador spray** [fixa'dor sprei]
Haarwaschmittel	**o xampu** [scham'pu]
Kamm	**o pente** ['pentschi]
Lichtschutzfaktor	**protetor solar** [prote'tor so'lar]
Lippenstift	**o batom** [ba'tong]
Nagellack	**o esmalte para unhas** [es'mautschi 'para 'unjas]
Nagellackentferner	**acetona** [ase'tona]
Nagelschere	**tesoura para unhas** [te'soura 'para 'unjas]
Papiertaschentücher	**lenços de papel** ['lensos di pa'päu]
Parfüm	**o perfume** [per'fumi]
Pflaster	**esparadrapo** [espara'drapo]
Pinzette	**pinça** [pin'sa]
Präservativ	**o condom** [kon'dom], **camisinha** [kami'sinja], **preservativo** [preserwa'tiwo]
Puder	**o pó-de-arroz** [po-di-a'hos]

Rasierapparat	**o barbeador elétrico** [barbea'dor e'lätriko]
Rasierklinge	**lâmina de barbear** ['lamina di barbe'ar]
Rasierpinsel	**o pincel de barbear** [pin'säu di barbe'ar]
Rasierseife	**sabonete de barbear** [sabo'nätschi di barbe'ar]
Rasierwasser	**a loção após barba** [lo'sau a'pos 'barba]
Seife	**o sabonete** [sabo'netschi]
Slipeinlage	**o absorvente higiênico** [absor'weintschi ischi'eniko]
Sonnencreme	**bronzeador** [bronsea'dor]
Sonnenöl	**óleo bronzeador** ['oleo bronsea'dor]
Spiegel	**espelho** [e'speljo]
Tampons	**os tampões** [tam'pois], **os absorventes internos** [absor'weintsches in'ternos]
Toilettenpapier	**o papel higiênico** [pa'päu ischi'eniko]
Waschmittel	**o detergente para roupa** [deter'scheintschi 'para 'roupa]
Watte	**algodão** [augo'dau]
Wattestäbchen	**os cotonetes** [koto'netsches]
Wimperntusche	**o rímel** ['himeu]
Zahnbürste	**escova de dente** [es'kowa di 'deintschi]
Zahnpasta	**o creme dental** ['kremi den'tau]

Elektro- und Fotoartikel

Gelegentlich wird bei Inlandsflügen das Handgepäck durchleuchtet. Da die Apparate meist antiquiert sind, ruinieren sie das Filmmaterial. Sie sollten sich daher bereits zu Hause durchsichtige Plastikdöschen besorgen und die Filmpatronen darin aufbewahren. Diese Döschen schützen die Filme auch vor der hohen Luftfeuchtigkeit der Tropen.

Ich möchte ...	**Eu quero ...** ['eu 'kero]
einen Farbfilm	**um filme colorido** [um 'filmi kolo'rido]
einen Diafilm	**um filme de slides** [um 'filmi di 'slaides]
mit 12/24/36 Aufnahmen.	**de doze / vinte e quatro / trinta e seis poses.** [di 'dosi/'wintschi i 'kwatro/'trinta i seis 'poses]
Können Sie mir diesen Film entwickeln?	**Você pode revelar esse filme?** [wo'se 'podschi rewe'lar 'eßi 'filmi]
Ich habe Schwierigkeiten mit...	**Eu tenho problemas com...** ['eu 'tenjo pro'blemas kon]

Adapter	**adaptor** [adap'tor]
Auslöser	**cabo disparador** ['kabo dispara'dor]
Batterie	**pilha** ['pilja]
Belichtungsmesser	**fotómetro** [fo'tometro]
Blitzgerät	**o flash** ['fläschi]
Camcorder	**o camcorder** ['kämkorder]
CD/Compactdisc	**o CD** [ze-de], **disco compacto** ['disko kom'pakto]
Filmempfindlichkeit	**a sensibilidade do filme** [sensibili'dadschi do 'filmi]
Filmkamera	**máquina de filmar** ['makina di fil'mar]
Filter	**filtro** ['filtro]
Fotoapparat	**máquina fotográfica** ['makina foto'grafika]
Foto-Schnelldienst	**a revelaçâo em uma hora** [rewela'sau eing 'uma 'ora]
Glühbirne	**lâmpada** ['lampada]
Kassette	**o cassete** [ka'ßätschi]
Kassettenrekorder	**o gravador de cassetes** [grawa'dor di ka'ßätsches]
Kopfhörer	**os fones de ouvido** ['fones die ou'wido]
Lautsprecher	**o alto-falante** ['alto-fa'lantschi]
Linse	**a lente** ['lentschi]
Objektiv	**objetivo** [obsche'tiwo]
Weitwinkelobjektiv	**objetiva de grande angular** [obsche'tiwa di 'grandschi angu'lar]
Zoomobjektiv	**o zoom** [som]
Passbild	**fotografia para passaporte** [fotgra'fia 'para paßa'portschi]
Schallplatte	**disco** ['disko]
Schwarzweiß-Film	**o filme preto e branco** ['filmi 'preto i 'branko]
Selbstauslöser	**disparador automático** [dispara'dor auto'matiko]
Stativ	**o tripé** [tri'pä]
Stecker	**ficha** ['fischa]
Sucher	**visor** [wi'sor]
Taschenlampe	**lanterna de bolso** [lan'terna di 'bolso]
Teleobjektiv	**teleobjetiva** ['tele-obsche'tiwa]
Verlängerungsschnur	**a extensão** [esten'sau]
Videofilm	**o vídeo-filme** ['wideo-'filmi]
Videokamera	**a vídeo-câmera** ['wideo-'kamera]
Videokassette	**o vídeocassete** ['wideo-ka'ßätschi]
Videorekorder	**vídeo** ['wideo]

Frisör

Waschen und föhnen, bitte.	**Lavar e secar, por favor.** [la'war i se'kar por fa'wor]
Schneiden mit/ohne Waschen.	**Cortar e lavar / sem lavar.** ['kor'tar i la'war/seing la'war]
Ich möchte …	**Quero …** ['kero]
eine Dauerwelle.	**fazer uma permanente.** [fa'ser 'uma perma'neintschi]
mir die Haare tönen lassen.	**fazer uma rinsagem.** [fa'ser 'uma rin'sascheing]
Schneiden Sie nur die Spitzen.	**Corte só as pontas.** ['kortschi so as 'pontas]
Nicht zu kurz. / Ganz kurz. / Etwas kürzer.	**Não muito curto. / Muito curto. / Um pouco mais curto.** [nau 'muito 'kurto/ 'muito 'kurto/um 'pouko mais 'kurto]
Die Ohren sollen frei sein / bedeckt bleiben.	**Quero as orelhas descobertas/cobertas.** ['kero as o'reljas desko'bertas/ko'bertas]
Rasieren, bitte.	**A barba, por favor.** [a 'barba por fa'wor]
Schneiden Sie mir bitte den Bart.	**Apare a barba, por favor.** [a'pari a 'barba por fa'wor]
Vielen Dank. So ist es gut.	**Muito obrigado/obrigada. Está bom assim.** ['muito obri'gado/obri'gada. es'ta bong a'ßing]

Bart	**barba** ['barba]
blond	**louro** ['louro]
Dauerwelle	**o permanente** [perma'neintschi]
färben	**pintar** [pin'tar]
föhnen	**secar** [se'kar]
frisieren	**pentear** [pente'ar]
Frisur	**penteado** [pente'ado]
Haar	**cabelo** [ka'belo]
fettiges Haar	**cabelo oleoso** [ka'belo ole'oso]
trockenes Haar	**cabelo seco** [ka'belo 'seko]
Haarspray	**fixador** [fixa'dor]
Haarteil	**postiço** [pos'tiso]
kämmen	**pentear** [pente'ar]
Koteletten	**costeletas** [koste'letas]
Locken	**cachos** ['kaschos]
Lockenwickler	**rolo, bóbis** ['rolo 'bobis]
Perücke	**peruca** [pe'ruka]
Pony	**franja** ['franscha]

Scheitel	**repartido** [repar'tido]
Schnurrbart	**o bigode** [bi'godschi]
Schuppen	**caspa** ['kaspa]
Shampoo	**xampu** [scham'pu]
Stufenschnitt	**o corte em camadas** ['kortschi eing 'kamadas]
tönen	**fazer uma rinsagem** [fa'ser 'uma rin'sascheing]

Haushaltswaren

Abfallbeutel	**saco de lixo** ['sako di 'lischo]
Alufolie	**folha de alumínio** ['folja di alu'minio]
Brennspiritus	**o álcool destilado** ['alkol desti'lado]
Dosenöffner	**abridor de latas** [abri'dor di 'latas]
Flaschenöffner	**abridor de garrafa** [abri'dor di ga'hafa]
Frischhaltefolie	**rolo plástico para embalar alimentos** ['holo 'plastiko 'para emba'lar ali'mentos]
Glas	**vidro** ['widro]
Grill	**grelhador** [grelja'dor]
Grillkohle	**carvão** [kar'wau]
Kerze	**vela** ['wäla]
Korkenzieher	**o saca-rolhas** ['saka-'roljas]
Kühlelement	**vasilha térmica** [wa'silja 'tärmika]
Papierservietten	**os guardanapos de papel** [guarda'napos di pa'päu]
Plastikbeutel	**saco plastico** ['sako 'plastiko]
Taschenmesser	**o canivete** [kani'wetschi]
Thermosflasche	**garrafa térmica** [ga'hafa 'tärmika]
Wäscheklammern	**os pregadores de roupa** [prega'dores di 'roupa]
Wäscheleine	**corda** ['korda]

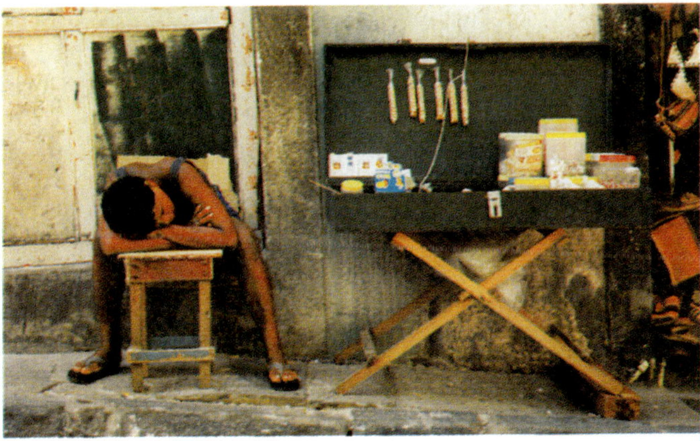

Lebensmittel

Was darf es sein?	**O que deseja?** [o ke de'sescha]
Geben Sie mir bitte...	**Me dá, por favor, ...** [mi da por fa'wor]
ein Kilo ...	**um quilo de ...** [um 'kilo di]
100 Gramm ...	**cem gramas de ...** [seng 'gramas di]
10 Scheiben ...	**dez fatias de ...** [deis fa'tias di]
ein Stück von ...	**um pedaço de ...** [um pä'daso di]
eine Packung ...	**um pacote de ...** [um pa'kotschi di]
ein Glas ...	**um copo de ...** [um 'kopo di]
eine Dose ...	**uma lata de ...** ['uma 'lata di]
eine Flasche ...	**uma garrafa de ...** ['uma ga'hafa di]
Darf es auch etwas mehr sein?	**Pode ser mais um pouco?** ['podschi ser mais um 'pouko]
Darf ich davon probieren?	**Posso provar um pouco disto?** ['poßo pro'war um 'pouko 'disto]
Danke, das ist alles.	**É tudo, obrigado/obrigada.** [ä 'tudo obri'gado/obri'gada]

➢Eine ausführliche Lebensmittelliste finden Sie im Kapitel Gastronomie ab Seite 77.

Straßenverkäufer bieten „Caldo de Cana" (Zuckerrohrsaft) feil

Mode ➢ auch Farben, S. 20

Kleidung

Brasilianer kleiden sich sehr modebewusst. Zu offiziellen oder geschäftlichen Anlässen ist für Männer Anzug und Krawatte ein Muss. Beim Kauf von Kleidung und Schuhen in Brasilien ist darauf zu achten, dass die Größen nicht mit den unsrigen identisch sind.

Können Sie mir … zeigen?	**Pode me mostrar …?** ['podschi mi mos'trar]
Kann ich es anprobieren?	**Posso provar?** ['poßo pro'war]
Welche (Konfektions-)Größe haben Sie?	**Que número usa?** [ke 'numero 'usa]
Das ist mir zu …	**Está muito …** [es'ta 'muito]
eng/weit.	**apertado/largo.** [aper'tado/'largo]
kurz/lang.	**curto/comprido.** ['kurto/kom'prido]
klein/groß.	**pequeno/grande.** [pe'keno/'grandschi]
Das passt gut. Ich nehme es.	**Está bom. Fico com ele.** [es'ta bong. 'fiko kon 'eli]
Das ist nicht ganz, was ich möchte.	**Não é bem isto que eu quero.** [nau ä beng 'isto ke 'eu 'kero]

Anzug	**terno** ['terno]
Badeanzug	**o maiô** ['mai'o]
Badehose	**sunga** ['sunga]
Bademantel	**roupão de banho** [rou'pau di 'banjo]
Bikini	**o bikini** [bi'kini], **fio dental** ['fio den'tau]
Blazer	**o blazer** ['bleiser]
Bluse	**blusa** ['blusa]
Büstenhalter	**o soutien** [sutschi'ein]
Halstuch	**a encharpe** [en'scharpi]
Hemd	**camisa** [ka'misa]
Hose	**calça** ['kalsa]
Hut	**o chapéu** [scha'päu]
Jacke	**casaco** [ka'sako]
Jeans	**jeans** [tschins]
Jogginganzug	**o jogging** ['schogging]
Kleid	**vestido** [wes'tido]
Kleidung	**roupa** ['roupa]
Krawatte	**gravata** [gra'wata]
Mütze	**o boné** [bo'nä]
Pullover	**o pulôver** [pu'lower]

Regenmantel — **capa de chuva** ['kapa di 'schuwa]
Rock — **saia** ['saia]
Schal — **o cachecol** [kasche'kol]
Schirm — **o guarda-chuva** [gu'arda-'schuwa]
Seidenstrumpfhose — **meia-calça de seda** ['meia-'kalsa di 'seda]
Shorts — **os shorts** [schorts]
Slip — *(für Männer)* **cueca** [ku'eka]; *(für Frauen)* **calçinha** [kal'sinja]
Socken — **meias** ['meias]
Sonnenhut — **o chapéu de sol** [scha'päu di sol]
Strickjacke — **casaco de malha** [ka'sako di 'malja]
Strümpfe — **meias** ['meias]
Strumpfhose — **meia-calça** ['meia 'kalsa]
Unterhemd — **camiseta** [kami'seta]
Unterhose — **cuecas** [ku'ekas]
Weste — **o colete** [ko'letschi]

Reinigung

Können Sie mir diese Wäsche waschen? — **Pode lavar esta roupa?** ['podschi la'war 'esta 'roupa]

Ich möchte diese Sachen bügeln/reinigen lassen. — **Quero que esta roupa seja passada ferro/limpa.** ['kero ke 'esta 'roupa 'sescha pa'ßada 'feho/'limpa]

Wann kann ich die Wäsche wieder abholen? — **Quando a roupa fica pronta?** ['kwando a 'houpa 'fika 'pronta]

bügeln — **passar a ferro** [pa'ßar a fe'ho]
chemisch reinigen — **lavar a seco** [la'war a 'seko]
reinigen — **limpar** [lim'par]
waschen — **lavar** [la'war]
Wäsche — **roupa** ['roupa]

Optiker

Können Sie mir bitte diese Brille / das Gestell reparieren? — **Pode consertar estes óculos / a armação, por favor?** ['podschi konser'tar 'estes 'okulos/a arma'sau por fa'wor]

Ich bin kurzsichtig/weitsichtig. — **Sou míope. / Tenho a vista cansada.** [sou mi'opi/'tenjo a 'wista kan'sada]

Wie ist Ihre Sehstärke? — **Quantos graus tem?** ['kwantos graus teng]

rechts plus/minus ..., links ... — **Olho direito mais/menos ..., olho esquerdo ...** ['oljo di'reito mais/'menos ... 'oljo es'kerdo]

Ich brauche ...	**Preciso de ...** [presi'so di]
Aufbewahrungslösung	**solução para lentes de contato** [solu'sau 'para 'lentsches di kon'tado]
Reinigungslösung	**solução para limpar as lentes** [solu'-sau 'para lim'par as 'lentsches]
für harte/weiche Kontaktlinsen.	**para lentes de contato duras/moles.** ['para 'lentsches di kon'tato 'duras/'moles]
Ich möchte eine Sonnenbrille.	**Quero óculos de sol.** ['kero 'okulos di sol]

Schuhe und Lederwaren

Ich möchte ein Paar ...-Schuhe.	**Quero um par de sapatos...** ['kero um par di sa'patos]
Ich habe Schuhgröße ...	**Calço número ...** ['kalso 'numero]
Sie drücken mich.	**Apertam-me um pouco.** [a'pertam-mi um 'pouko]
Sie sind zu eng/weit.	**Estão muito apertados/largos.** [es'tau 'muito aper'tados/'largos]

Badeschuhe	**sandálias** [san'dalias]
Gummistiefel	**as botas de borracha** ['botas di bo'hascha]
Gürtel	**cinto** ['sinto]
Handtasche	**carteira** [kar'teira]
Koffer	**mala** ['mala]
Lederhose	**as calças de couro** ['kalsas di 'kouro]
Lederjacke	**casaco de couro** [ka'sako di 'kouro]
Ledermantel	**casaco comprido de couro** [ka'sako kom'prido di 'kouro]
Reisetasche	**mala de viagem** ['mala di wi'ascheing]
Rucksack	**mochila** [mo'schila]
Sandale	**sandália** [san'dalia]
Schuhbürste	**escova para sapato** [es'kowa 'para sa'pato]
Schuhcreme	**pomada para sapatos** [po'mada 'para sa'patos]
Schuhe	**sapato** [sa'pato]
Sohle	**sola** ['sola]
Stiefel	**bota** ['bota]
Strandschuhe	**as sandálias de praia** [san'dalias di 'praia]
Tasche	**bolsa** ['bolsa]
Turnschuhe	**sapatos de ginástica** [sa'patos di schi'nastika]
Umhängetasche	**bolsa a tiracolo** ['bolsa a tira'kolo]

Tabakwaren

Ich hätte gerne …	**Eu gostaria de …** ['eu gosta'ria di]
eine Schachtel Zigaretten der Marke Hollywood.	**um maço de Hollywood.** [um 'maso di holli'wudschi]
eine Stange Free.	**um pacote de Free.** [um pa'kotschi di fri]
eine Schachtel Zündhölzer.	**uma caixa de fósforo.** ['uma 'kaischa di 'fosforo]
ein Feuerzeug.	**um isqueiro.** [um is'keiro]
Zehn Zigarren/Zigarillos.	**Dez charutos/cigarilhas.** [deis scha'rutos/siga'riljas]
Ein Päckchen / Eine Dose Zigaretten-/Pfeifentabak.	**Um pacote / Uma caixa de tabaco para cigarros/cachimbo.** ['um pa'kot-schi/'uma 'kaischa di ta'bako 'para si'gah-os/ka'schimbo]

Uhren und Schmuck

Brasilien ist berühmt für seine Edel- und Halbedelsteine und dem daraus gefertigten Schmuck. Die bekanntesten Juwelierketten sind *H. Stern, Amsterdam Sauer* und *Roditi.*

Ich möchte ein Andenken/Geschenk.	**Quero uma lembrança / um presente.** ['kero 'uma lem'bransa/um pre'seintschi]
Wie viel wollen Sie ausgeben?	**Até quanto quer gastar?** [a'tä 'kwanto ker gas'tar]
Ich möchte etwas nicht zu Teures.	**Quero uma coisa não muito cara.** ['kero 'uma 'koisa nau 'muito 'kara]

Anhänger	**o pingente** [pin'scheintschi]
Armband	**pulseira** [pul'seira]
Armbanduhr	**relógio de pulso** [re'loschio di 'pulso]
Brosche	**o broche** ['broschi]
Gold	**ouro** ['ouro]
Kette	**o colar** [ko'lar]
Kristall	**o cristal** [kris'tau]
Modeschmuck	**bijouteria** [bischote'ria]
Ohrringe	**brincos** ['brinkos]
Perle	**pérola** ['pärola]
Ring	**o anel** [a'näu]
Schmuck	**jóia** ['schoia]
Silber	**prata** ['prata]
Türkis	**turquesa** [tur'kesa]

Gesundheit

In der Apotheke

Apotheken gibt es an jeder Ecke, fast so häufig wie die *Lanchonetes*. Oft sind sie rund um die Uhr geöffnet, auch an Sonn- und Feiertagen. Dort finden Sie alle auch in Europa erhältlichen Arzneimittel. Achten Sie beim Kauf auf das Verfallsdatum und darauf, ob sie im Schaufenster der tropischen Sonne ausgesetzt waren.

Wo gibt es hier eine Apotheke?	**Onde há uma farmácia aqui?** ['ondschi a 'uma far'masia a'ki]
Ich möchte etwas gegen …	**Eu quero qualquer coisa para …** ['eu 'kero 'kwauker 'koisa 'para]
Dieses Mittel ist rezeptpflichtig.	**Este remédio só se pode vender com receita médica.** ['esti re'mädio so si 'podschi wen'der kon re'seita 'mädschika]

➢ **auch Arztbesuch, S. 120**

Abführmittel	**o laxante** [la'schantschi]
Antibabypille	**pílula anticoncepcional** ['pilula antikonsepsio'nau]
Antibiotikum	**antibiótico** [antibi'otiko]
Aspirin	**aspirina** [aspi'rina]
Augentropfen	**colírio** [ko'lirio]
äußerlich	**para uso externo** ['para 'uso es'terno]
Beruhigungsmittel	**o calmante** [kau'mantschi]
Brandsalbe	**pomada para queimaduras** [po'mada 'para keima'duras]
Desinfektionsmittel	**o desinfetante** [desinfe'tantschi]
einnehmen	**tomar** [to'mar]
vor dem Essen	**antes das refeições** ['antes das refei'sois]
nach dem Essen	**depois das refeições** [de'pois das refei'sois]
Elastikbinde	**ligadura elástica** [liga'dura e'lastika]
Fieberthermometer	**termômetro** [ter'mometro]
Gegengift	**contra veneno** ['kontra we'neno]
Halstabletten	**pastilhas para a garganta** [pas'tiljas 'para a gar'ganta]
Hustensaft	**o xarope para a tosse** [scha'ropi 'para a 'toßi]
Insektenmittel	**loção contra insetos** [lo'sau 'kontra in'setos]
Insulin	**insulina** [insu'lina]
Jod	**iodo** [i'odo]
Kamillentee	**chá de camomila** [scha di kamo'mila]

Kohletabletten	**comprimidos de carvão** [kompri'midos di kar'wau]
Kopfschmerztabletten	**comprimidos para dor de cabeça** [kompri'midos 'para dor di ka'besa]
Kreislaufmittel	**remédio para a circulação** [re'mädio 'para a sirkula'sau]
auf nüchternen Magen	**em jejum** [eing sche'schum]
Magentropfen	**gotas estomacais** ['gotas estoma'kais]
Medikament	**remédio** [re'mädio], **medicamento** [medika'mento]
Mittel	**remédio** [re'mädio]
Mückenstiche	**picada de mosquito** [pi'kada di mos'kito]
Mullbinde	**a gaze** ['gasi]
im Mund zergehen lassen	**deixar desfazer na boca** [dei'schar desfa'ser na 'boka]
Nebenwirkungen	**efeitos colaterais** [e'feitos kolate'rais]
Ohrenstopfen	**tampão para o ouvido** [tam'pao 'para o ou'wido]
Pflaster	**adesivo** [ade'siwo], **esparadrapo** [espara'drapo], **band-aid** [ban'deidi]
Präservativ	**o condom** [kon'dom]
Puder	**talco** ['talko]
Rezept	**receita** [re'seita]
Salbe	**pomada** [po'mada]
Schlaftabletten	**comprimidos para dormir** [kompri'midos 'para dor'mir]
Schmerztabletten	**comprimidos contra dores** [kompri'midos 'kontra 'dores]
Sonnenbrand	**queimadura do sol** [keima'dura do sol]
Tablette	**pastilha** [pas'tilja], **comprimido** [kompri'mido]
Traubenzucker	**a glicose** [gli'kosi]
Tropfen	**gotas** ['gotas]
Watte	**algodão** [augo'dau]
Zäpfchen	**supositório** [suposi'torio]

Arztbesuch > auch Reisen mit Kindern, S. 54

Arztbesuche sind bar zu begleichen, bewahren Sie Belege und Quittungen für die private Auslandsreiseversicherung auf. In der wöchentlich erscheinenden deutschen Wochenzeitung *Journal Alemão* bieten Deutsch sprechende Ärzte in ganz Brasilien ihre Leistungen und Spezialisierungen an.

Können Sie mir einen guten ... empfehlen?	**Pode me recomendar um bom...** ['podschi-mi rekomen'dar um bon]
Arzt	**médico.** ['mädschiko]
Augenarzt	**oftalmologista.** [oftaumolo'schista]
Frauenarzt	**ginecologista.** [schinekolo'schista]
Hals-Nasen-Ohren-Arzt	**otorrinolaringologista.** [otohinolaringolo'schista]
Hautarzt	**dermatologista.** [dermatolo'schista]
Internisten	**médico de doenças internas.** ['mädschiko di do'ensas in'ternas]
Kinderarzt	**pediatra.** [pedi'atra]
Praktischen Arzt	**clínico geral.** ['kliniko sche'rau]
Urologen	**urologista.** [urolo'schista]
Zahnarzt	**dentista.** [den'tista]
Wo ist seine Praxis?	**Onde é o consultório?** ['ondschi ä o konsul'torio]

Beschwerden

Was für Beschwerden haben Sie?	**O que o Senhor / a Senhora tem?** [o ke o sen'jor/a sen'jora teng]
Ich habe Fieber.	**Tenho febre.** ['tenjo 'febri]
Mir ist übel.	**Estou me sentindo mal.** [es'tou mi sen'tindo mau]
Mir ist schwindelig.	**Estou com tontura.** [es'tou kon ton'tura]
Ich bin ohnmächtig geworden.	**Desmaiei.** [desmai'ei]
Ich bin erkältet.	**Estou resfriado/a.** [es'tou resfri'ado/a]

Ich habe Kopfschmerzen/ Halsschmerzen.	**Dói a cabeça/garganta.** ['doi a ka'besa/gar'ganta]
Ich bin gestochen/gebissen worden.	**Fui picado/mordido.** ['fui pi'kado/mor'dido]
Ich habe mir den Magen verdorben.	**Estou com uma indigestão.** [es'tou kon 'uma indisches'tau]
Ich habe Durchfall/ Verstopfung.	**Tenho diarréia / prisão de ventre.** ['tenjo dia'heia/pri'sau di 'wentri]
Ich vertrage die Hitze nicht.	**Não suporto o calor.** [nau su'porto o ka'lor]
Ich habe mich verletzt.	**Me machuquei.** [mi maschu'kei]
Ich bin gestürzt.	**Caí.** [ka'i]
Können Sie mir ein Medikament gegen ... verschreiben?	**Pode receitar-me um remédio contra ...?** ['podschi resei'tar-mi um re'mädio 'kontra]
Normalerweise nehme ich ...	**Normalmente tomo ...** [normau'meintschi 'tomo]
Ich habe eine Allergie gegen ...	**Tenho alergia a ...** ['tenjo aler'schia a]
Ich habe einen hohen/niedrigen Blutdruck.	**Tenho a pressão alta/baixa.** ['tenjo a pre'ßau auta/'baischa]
Ich bin Diabetiker.	**Sou diabético.** [sou dia'bätiko]
Ich bin schwanger.	**Estou grávida.** [es'tou 'grawida]

Untersuchung

Wo tut es weh?	**Onde dói?** ['ondschi doi]
Ich habe hier Schmerzen.	**Tenho dores aqui.** ['tenjo 'dores a'ki]
Machen Sie sich frei.	**Tire a roupa.** ['tiri a 'roupa]
Tief einatmen. Atem anhalten.	**Respire fundo. Prenda a respiração.** [re'spire 'fundo. 'prenda a respira'sau]
Sie müssen geröntgt werden.	**Tem de ser radiografado/a.** [teng di ser radiogra'fado/a]
Ich brauche eine Blut-/Urinprobe.	**Preciso de um exame de sangue/urina.** [pre'siso di um e'ßami di 'sangi/u'rina]

Sie müssen operiert werden.	**Tem de ser operado/a.** [teng di ser ope'rado/a]
Sie brauchen ein paar Tage Bettruhe.	**Tem de ficar uns dias em repouso.** [teng di fi'kar uns 'dschias eing re'pouso]
Es ist nichts Schlimmes.	**Não é nada de grave.** [nau ä 'nada di 'grawi]
Nehmen Sie ... Tabletten.	**Tome ... comprimidos.** ['tomi ... kompri'midos]
Haben Sie einen Impfpass?	**Tem um atestado de vacina?** [teng um ates'tado di wa'sina]
Ich bin gegen ... geimpft.	**Estou vacinado/a contra...** [es'tou wasi'nado/a 'kontra]

Im Krankenhaus

Die Krankenhäuser in den Metropolen sind technisch auf dem neuesten Stand, häufig wird dort Englisch oder Französisch gesprochen. Nach der Behandlung wird mit Bargeld oder mit Scheck abgerechnet. Die Tagessätze und Behandlungskosten entsprechen deutschem Preisniveau. Ein Tipp: Lassen Sie auf den Rechnungen für die Versicherung in der Heimat auch immer den aktuellen Tageskurs des Real vermerken und von der Bank bestätigen.

Wie lange muss ich hier bleiben?	**Quanto tempo preciso ficar aqui?** ['kwanto 'tempo pre'siso fi'kar a'ki]
Ich kann nicht einschlafen	**Não posso dormir.** [nau 'poßo dor'mir]
Geben Sie mir bitte eine Schmerztablette/Schlaftablette.	**Pode-me dar um analgésico / um comprimido para dormir?** ['podschimi dar um anau'schäsiko/um kompri'mido 'para dor'mir]
Wann darf ich aufstehen?	**Quando posso levantar?** ['kwando 'poßo lewan'tar]

Abszess	**abcesso** [ab'seßo]
Aids	**AIDS** ['aids]
Alkoholiker/in	**o/a alcoólatra** [au'kolatra]
Allergie	**alergia** [aler'schia]
allergisch sein gegen	**ser alérgico/a a** [ser a'lärschiko/a a]
Angina	**angina** [an'schina]

ansteckend	**contagioso** [kontaschi'oso]
Appetitlosigkeit	**falta de apetite** ['fauta di ape'titschi]
Arm	**braço** ['braso]
Asthma	**asma** ['asma]
Atembeschwerden	**a dificuldade de respirar** [difikul'dadschi di respi'rar]
atmen	**respirar** [respi'rar]
Attest	**atestado** [ates'tado]
Auge	**olho** ['oljo]
Ausschlag	**eczema** [ek'sema]
Bänderriss	**ruptura dos ligamentos** [rup'tura dos liga'mentos]
Bauch	**barriga** [ba'higa]
Bein	**perna** ['perna]
Bescheinigung	**atestado** [ates'tado]
Besuchszeit	**as horas de visita** ['oras di wi'sita]
bewusstlos	**sem sentidos** [seing sen'tidos]
Bindehautentzündung	**a conjuntivite** [konschunti'witschi]
Blähungen	**os gases** ['gases]
Blase	**bexiga** [be'schiga]
Blasen	**bolhas** ['boljas]
Blinddarm	**o apêndice** [a'pändisi]
Blinddarmentzündung	**a apendicite** [apendi'sitschi]
Blut	**o sangue** ['sangi]
Blutdruck (hoher/niedriger)	**a pressão sanguínea (alta/baixa)** [pre'ßau san'gwinea ('auta/'baischa)]
bluten	**sangrar** [san'grar]
Blutgruppe	**grupo sanguíneo** ['grupo san'gineo]
Blutung	**hemorragia** [emoha'schia]
Blutvergiftung	**envenenamento do sangue** [enwenena'mento do 'sangi]
Brechreiz	**náuseas** ['nauseas]
Bronchien	**brônquios** ['bronkios]
Bronchitis	**a bronquite** [bron'kiti]
Bruch	**fratura** [fra'tura]
Brust	**peito** ['peito]
Bypass	**a ponte de safena** ['pontschi di sa'fena]
Chirurg	**cirurgião** [sirurschi'au]
Cholera	**cólera** ['kolera]
Darm	**intestino** [intes'tino]
desinfizieren	**desinfetar** [desinfe'tar]
Diabetes	**a diabetes** [dia'bätes]
Diagnose	**diagnóstico** [dia'gnostiko]
Diät	**dieta** [di'äta]
Durchfall	**diarréia** [dia'heia]
Eiter	**o pus** [pus]
Entzündung	**a inflamação** [inflama'sau]

erbrechen, sich	**vomitar** [womi'tar]
erkältet	**resfriado** [resfri'ado]
Erkältung	**resfriado** [resfri'ado]
Facharzt/-ärztin	**o/a especialista** [espesia'lista]
Fehlgeburt	**aborto** [a'borto]
Fieber	**a febre** ['fäbri]
Finger	**dedo** ['dedo]
Fuß	**o pé** [pä]
Gallenblase	**vesícula biliar** [we'sikula bili'ar]
gebrochen	**quebrado** [ke'brado]
Gehirn	**cérebro** ['särebro]
Gehirnerschütterung	**a comoção cerebral** [komo'sau sere'brau]
Gehirnschlag	**derrame cerebral** [de'hami sere'brau]
Gehör	**ouvido** [ou'wido]
Gelbfieber	**a febre amarela** ['febri ama'rela]
Gelbsucht	**icterícia** [ikter'isia]
Gelenk	**a articulação** [artikula'sau]
Geschlechtskrankheit	**doença venérea** [do'ensa we'närea]
Geschlechtsorgane	**órgãos sexuais** ['orgaos sexu'ais]
geschwollen	**inchado** [in'schado]
Geschwulst	**tumor** [tu'mor]
Geschwür	**abscesso** [ab'seßo]
Gesicht	**cara, rosto** ['kara 'rosto]
Grippe	**a gripe** ['gripi]
Hals	**pescoço** [pes'koso]
Halsschmerzen	**as dores de garganta** ['dores di gar'ganta]
Hämorriden	**hemorróidas** [emo'hoidas]
Hand	**a mão** [mau]
Haut	**a pele** ['päli]
heiser sein	**estar rouco** [es'tar 'rouko]
Herz	**coração** [kora'sau]
Herzanfall	**o ataque cardíaco** [a'taki kar'diako]
Herzbeschwerden	**as pertubações cardíacas** [pertuba'sois kar'diakas]
Herzfehler	**a afeção cardíaca** [afe'sau kar'diaka]
Herzinfarkt	**o enfarte do miocárdio** [en'fartschi do mio'kardio]
Herzschrittmacher	**o marca-passo** ['marka-'paßo]
Herzspezialist	**o cardiologista** [kardiolo'schista]
Heuschnupfen	**a rinite alérgica** [ri'niti a'lärschika]
Hexenschuss	**lumbago** [lum'bago]
Hüfte	**o quadril** [kwa'driu]
Husten	**a tosse** ['toßi]
Impfpass	**atestado de vacina** [ates'tado di wa'sina]

Impfung	**vacina** [wa'sina]
Infektion	**a infecção** [infek'sau]
Infusion	**a infusão** [infu'sau]
Ischias	**ciática** [si'atika]
Keuchhusten	**a tosse comprida** ['toßi kom'prida]
Knie	**joelho** [scho'eljo]
Knöchel	**tornozelo** [torno'selo]
Knochen	**osso** ['oßo]
Knochenbruch	**fratura de osso** [fra'tura di 'oßo]
Kolik	**cólica** ['kolika]
Kopf	**cabeça** [ka'besa]
Kopfschmerzen	**a dor de cabeça** [dor di ka'besa]
Krampf	**a convulsão** [konwul'sau], **cãibra** ['kaibra]
krank	**doente** [do'eintschi]
Krankenhaus	**o hospital** [hospi'tau]
Krankenkasse	**previdência social** [prewi'densia sosi'au], **assistência médica** [aßis'tänsia 'mädschika]
Krankenschwester	**enfermeira** [infer'meira]
Krankheit	**doença** [do'ensa]
Krebs	**o câncer** ['kanser]
Kreislaufstörung	**a pertubação circulatória** [pertuba'sau sirkula'toria]
Lähmung	**paralisia** [parali'sia]
Lebensmittelvergiftung	**a intoxicação por alimento** [intoksika'sau por ali'mento]
Leber	**fígado** ['figado]
Leistenbruch	**hérnia umbilical** ['ärnia umbili'kau]
Lippe	**os lábios** ['labios]
Lunge	**pulmão** [pul'mau]
Lungenentzündung	**pneumonia** [pneumo'nia]
Magen	**estômago** [es'tomago]
Magenschmerzen	**a dor de estômago** [dor di es'tomago]
Malaria	**malária** [ma'laria]
Mandelentzündung	**angina** [an'schina]
Mandeln	**amígdalas** [a'migdalas]
Menstruation	**a menstruação** [menstrua'sau]
Migräne	**enxaqueca** [enscha'keka]
Mittelohrentzündung	**a otite** [o'titschi]
Mund	**boca** ['boka]
Muskel	**músculo** ['muskulo]
nähen	**pontear** [ponte'ar]
Narbe	**a cicatriz** [sika'tris]
Narkose	**anestesia** [aneste'sia]
Nase	**o nariz** [na'ris]

Nasenbluten	**hemorragia nasal** [emoha'schia na'sau]
Nerv	**nervo** ['nerwo]
nervös	**nervoso** [ner'woso]
Niere	**o rim** [rim]
Nierenentzündung	**a nefrite** [ne'fritschi]
Nierenstein	**cálculo renal** ['kalkulo re'nau]
Ohnmacht	**desmaio** [des'maio]
Ohr	**orelha** [o'relja]
Ohrenschmerzen	**as dores de ouvido** ['dores di ou'wido]
Operation	**cirurgia** [siru'schia]
Pocken	**varíola** [wa'riola]
Prellung	**a contusão** [kontu'sau]
Puls	**pulso** ['pulso]
Quetschung	**a contusão** [kontu'sau]
Rheuma	**reumatismo** [reuma'tismo]
Rippe	**costela** [kos'tela]
Röntgenaufnahme	**radiografia** [radiogra'fia]
Rücken	**costas** ['kostas]
Rückenschmerzen	**a dor nas costas** [dor nas 'kostas]
Rücktransport	**o transporte de retorno** [trans'portschi di re'torno]
Schienbein	**tíbia** ['tibia]
Schiene	**tala** ['tala]
Schlaflosigkeit	**insônia** [in'sonia]
Schlaganfall	**derrame** [de'hami]
Schlüsselbein	**clavícula** [kla'wikula]
Schmerzen	**as dores** ['dores]
Schnittwunde	**o corte** ['kortschi]
Schnupfen	**resfriado** [resfri'ado]
Schulter	**ombro** ['ombro]
Schüttelfrost	**calafrios** [kala'frios]
Schwangerschaft	**a gravidez** [grawi'deis]
Schwellung	**inchaço** [in'schaso]
Schwindel	**tontura** [ton'tura]
schwitzen	**suar** [su'ar]
Seitenstechen	**pontadas no lado** [pon'tadas no 'lado]
Sodbrennen	**azia** [a'sia]
Sonnenbrand	**queimadura do sol** [keima'dura do sol]
Sonnenstich	**a insolação** [insola'sau]
Speiseröhre	**esôfago** [e'sofago]
Sprechstunde	**horário de consulta** [o'rario di kon'sulta]
Spritze	**a injeção** [insche'sau]
Stich	**picada** [pi'kada]
Stirnhöhlenentzündung	**a sinusite** [sinu'sitschi]
Stuhlgang	**as fezes** ['fäses]
Tetanus	**tétano** ['tätano]

Trommelfell	**tímpano** ['timpano]
Typhus	**tifo** ['tifo]
Übelkeit	**enjôo** [en'schou]
Ultraschall	**ultra-sonografia** ['ultra-sonogra'fia]
Unterleib	**o baixo-ventre** ['baischo-'wentri]
Untersuchung	**o exame** [e'ßami]
Urin	**urina** [u'rina]
Verband	**ligadura** [liga'dura]
verbinden	**fazer curativo** [fa'ser kura'tiwo]
Verbrennung	**queimadura** [keima'dura]
Verdauung	**a digestão** [disches'tau]
Verdauungsstörung	**a indigestão** [indisches'tau]
Vergiftung	**a intoxicação** [intoxika'sau]
verletzen	**ferir, machucar** [fe'rir maschu'kar]
verrenkt	**deslocado** [deslo'kado]
verschreiben	**receitar** [resei'tar]
verstaucht	**torcido** [tor'sido]
Verstopfung	**a prisão de ventre** [pri'sau di 'wentri]
Virus	**o vírus** ['wirus]
Wartezimmer	**sala de espera** ['sala di es'pera]
weh tun	**doer** [do'er]
Wirbelsäule	**coluna vertebral** [ko'luna werte'brau]
Wunde	**ferida** [fe'rida]
Zehe	**dedo do pé** ['dedo do pä]
Zerrung	**a distenção** [disten'sau]
Zunge	**língua** ['lingua]

Beim Zahnarzt

Ich habe (starke) Zahnschmerzen.	**Tenho uma (forte) dor de dentes.** ['tenjo 'uma ('fortschi) dor di 'deintsches]
Dieser Zahn (oben/unten/vorn/hinten) tut weh.	**Este dente (em cima / em baixo / na frente / atrás) dói.** ['esti 'deintschi (eing 'sima/eing 'baischo/na 'freintschi/a'tras) 'doi]
Eine Füllung ist rausgefallen.	**Caiu a obturação.** [kai'u a obtura'sau]
Mir ist ein Zahn abgebrochen.	**Partiu-se um dente.** [par'tschiu-si um 'deintschi]
Ich behandle ihn nur provisorisch.	**Só faço um tratamento provisório.** [so 'faso um trata'mento prowi'sorio]
Geben Sie mir eine/keine Spritze.	**Dê-me uma / Não me dê nehuma injeção.** ['dä-mi 'uma/nau mi dä nen'ju-ma insche'sau]

Backenzahn	**o dente molar** ['deintschi mo'lar]
Kiefer	**o maxilar** [maksi'lar]
Loch	**buraco** [bu'rako]
Plombe *(aus Amalgam)*	**amálgama** [a'malgama]
Prothese	**a prótese** ['protesi]
Schneidezahn	**o dente incisivo** ['deintschi insi'siwo]
Zahn	**o dente** ['deintschi]
Zahnfleisch	**gengiva** [schen'schiwa]
Zahnschmerzen	**a dor de dente** [dor di 'deintschi]
ziehen	**arrancar** [ahan'kar], **tirar [ti'rar]**

Wichtiges von A bis Z

Bank

Innerhalb weniger Jahre hatte Brasilien drei Währungsreformen. Die neue Währung heißt *Real* und ist nur im Land erhältlich. Schecks, Dollars, Franken und D-Mark werden in Banken und auch in Hotels problemlos akzepiert. Reiseschecks sind dennoch nach wie vor das sicherste Zahlungsmittel. Schwarz Tauschen wie früher zum *paralello* ist uninteressant geworden, der offizielle Touristenkurs ist wesentlich günstiger. Ein Rücktausch der Devisen in der Heimat ist nicht möglich, den *Real* kauft keine Bank der Welt auf.

Wo ist hier bitte die nächste Bank/Wechselstube? — **Onde é o banco / casa de câmbio mais próximo/a?** ['ondschi ä o 'banko/'kasa di 'kambio mais 'prosimo/a]

Ich möchte ... D-Mark / Schilling / Schweizer Franken wechseln. — **Quero trocar ... marcos alemães / xilin / francos suíços.** ['kero tro'kar ... 'markos ale'mais/'schiling/'frankos 'swißos]

Wie ist heute der Wechselkurs? — **Como está hoje o câmbio?** ['komo es'ta 'oschi o 'kambio]

Wie viel Real bekomme ich für 100 DM? — **Quantos reais recebo por cem marcos?** ['kwantos re'ais re'sebo por seng 'markos]

Ich möchte ... einlösen. — **Quero trocar ...** ['kero tro'kar]

- diesen Reisescheck — **este cheque de viagem.** ['esti 'schecki di wi'ascheing]
- diesen Euroscheck — **este euro-cheque.** [esti 'euro-'schecki]

Auf welchen Betrag kann ich den Scheck maximal ausstellen? — **Qual é a importância máxima que posso receber com este cheque?** [kwau ä a impor'tansia 'masima ke 'poßo rese'ber kon 'esti 'schecki]

Ihre Scheckkarte, bitte. — **O seu cartão eurocheque, por favor.** [o seu kar'tau 'euro-'schecki por fa'wor]

Können Sie mir Ihren Pass/Ausweis zeigen? — **Pode mostrar-me o seu passaporte / a sua carteira de identidade?** ['podschi mos'trar-me o 'seu paßa'portschi/a 'sua kar'teira di identi'dadschi]

Unterschreiben Sie bitte hier. — **Assine aqui, por favor.** [a'ßini a'ki por fa'wor]

auszahlen — **pagar** [pa'gar]
Bank — **banco** ['banko]
bar — **a/em dinheiro** [a/eing dschin'jeiro]

Betrag	**quantia** [kwan'tia]
Devisen	**o câmbio** ['kambio]
D-Mark	**marco alemão** ['marko ale'mau]
Euroscheck	**o eurocheque** ['euro-'schecki]
Formular	**impresso** [im'preßo], **formulário** [formu'lario]
Geheimzahl	**número secreto** ['numero se'kreto], **senha** ['senja]
Geld	**dinheiro** [dschin'jeiro]
Geldanweisung	**a ordem de pagamento** ['ordeing di paga'mento]
Geldschein	**nota** ['nota]
Geldwechsel	**câmbio** ['kambio]
Kleingeld	**dinheiro trocado** [dschin'jeiro tro'kado]
Konto	**conta** ['konta]
Kreditkarte	**cartão de crédito** [kar'tau di 'krädito]
Münze	**moeda** [mo'äda]
Parallelkurs	**paralelo** [para'lelo]
Quittung	**recibo** [re'sibo]
Reisescheck	**o cheque de viagem** ['schecki di wi'ascheing]
Scheck	**o cheque** ['schecki]
einen Scheck ausstellen	**passar um cheque** [pa'ßar um'schecki]
Scheckkarte	**cartão eurocheque** [kar'tau 'euro-'schecki]
Schilling	**o xilin austríaco** [schiling aus'triako]
Schweizer Franken	**franco suiço** ['franko 'swißo]
Touristenkurs	**câmbio turismo** ['kambio di tu'rismo]
Überweisung	**transferência** [transfe'rensia]
telegrafische Überweisung	**o vale telegráfico** ['wali tele'grafiko]
umtauschen	**cambiar** [kambi'ar]
Unterschrift	**assinatura** [aßina'tura]
Währung	**moeda** [mo'äda]
Wechselkurs	**câmbio** ['kambio]
Wechselstube	**casa de câmbio** ['kasa di 'kambio]
Zahlung	**pagamento** [paga'mento]

Fundbüro

Wo ist das Fundbüro, bitte?	**Onde é a seção de achados e perdidos, por favor?** ['ondschi ä a se'sau di aschados i per'didos por fa'wor]
Ich habe … verloren.	**Perdi …** ['perdschi]
Benachrichtigen Sie mich bitte, wenn sie abgegeben/gefunden werden sollte.	**Avise-me, por favor, se alguém a entregar/achar.** [a'wisi-mi por fawor si au'gein a entre'gar/a'schar]

Hier ist meine Hotelanschrift / Heimatadresse in Deutschland/Österreich/ der Schweiz.	**Aqui é o endereço do meu hotel / o meu endereço na Alemanha/ áustria/Suíça.** [a'ki ä o ende'reso do 'meu ho'tel/o 'meu ende'reso na ale'manja/'austria/'swißa]

Polizei

Wo ist bitte das nächste Polizeirevier?	**Onde é a delegacia mais próxima?** ['ondschi ä a delega'sia mais 'prosima]
Ich bin überfallen worden.	**Fui assaltado.** ['fui aßau'tado]
Ich möchte einen Diebstahl / einen Unfall anzeigen.	**Quero comunicar um roubo / um acidente.** ['kero komuni'kar um 'roubo/um asi'deintschi]
Mir ist ... gestohlen worden.	**Roubaram-me ...** [rou'baram-mi]
die Handtasche	**a bolsa.** [a 'bolsa]
die Brieftasche	**a carteira.** [a kar'teira]
der Fotoapparat	**a máquina fotográfica.** [a'makina foto'grafika]
das Auto	**o carro.** [ka'ho]
Mein Auto ist aufgebrochen worden.	**Arrombaram o meu carro.** [ahom'baram o 'meu 'kaho]
Aus meinem Auto ist ... gestohlen worden.	**Roubaram do carro...** [rou'baram do 'kaho]

Überfallene und ausgeraubte Touristen können von der Polizei eine Bescheinigung erhalten, die man bei der Reisegepäckversicherung zu Hause einreichen kann. Größere Schäden sollten sofort per Einschreiben der Versicherung mitgeteilt, Ersatzansprüche gegen Dritte dokumentiert werden.

Ich habe ... verloren.	**Perdi ...** [per'dschi]
Mein Sohn / Meine Tochter ist seit ... verschwunden.	**O meu filho / A minha filha desapareceu há...** [o 'meu filjo/a 'minja 'filja desapare'seu a]
Dieser Mann belästigt mich.	**Este homen está me incomodando.** ['esti 'omen es'ta mi inkomo'dando]
Können Sie mir bitte helfen?	**Pode me ajudar, por favor?** ['podschi mi aschu'dar por fa'wor]

Wann genau ist das passiert?	**Quando isso aconteceu?** ['kwando 'ißo akonte'seu]
Ihren Namen und Ihre Anschrift, bitte.	**O seu nome e o seu endereço.** [o 'seu 'nomi i o 'seu ende'reso]
Wenden Sie sich an das deutsche/österreichische/ Schweizer Konsulat.	**Dirija-se ao Consulado alemão/austríaco/suiço.** [di'rischa-si 'ao 'konsu'lado ale'mau/aus'triako/'swißo]

aufbrechen	**arrombar** [ahom'bar]
Autoradio	**rádio do carro** ['radio do 'kaho]
belästigen	**incomodar, molestar** [inkomo'dar moles'tar]
beschlagnahmen	**confiscar** [konfis'kar]
Dieb	**ladrão** [la'drau]
Diebstahl	**roubo** ['roubo]
Gefängnis	**a prisão** [pri'sau]
Geld	**dinheiro** [dschin'jeiro]
Gericht	**justiça** [jus'tisa]
Militärpolizei	**polícia militar** [po'lisia mili'tar]
Papiere	**documentos** [doku'mentos]
Personalausweis	**carteira de identidade** [kar'teira di identi'dadschi]
Polizei	**polícia** [po'lisia]
Polizeistation	**delegacia** [delega'sia]
Polizeiwagen	**carro da polícia** ['kaho da po'lisia]
Rauschgift	**drogas** ['drogas]
Rechtsanwalt	**advogado** [adwo'gado]
Reisepass	**o passaporte** [paßa'portschi]
Schmuggel	**contrabando** [kontra'bando]
Schuld	**culpa** ['kulpa]
Überfall	**assalto** [a'ßauto]
Untersuchungshaft	**a prisão do suspeito** [pri'sau do sus'peito]
Verbrechen	**delito** [de'lito]
Vergewaltigung	**a violação** [wiola'sau]
verhaften	**prender** [pren'der]
verlieren	**perder** [per'der]
zusammenschlagen	**espancar** [espan'kar]

Post

Die wenigen Briefkästen in den Großstädten sollte man lieber nicht benutzen. Da brasilianische Briefumschläge wegen der hohen Luftfeuchtigkeit nicht gummiert sind, sollte man sie auf dem Postamt *Correios* oder *ECT* (*Empresa de Correios e Telégrafos* = Post- und Telefongesellschaft) zukleben. Anschließend lassen Sie die Urlaubspost vor Ihren Augen frankieren und abstempeln. Soll sie 100%ig ankommen, verschicken Sie sie per Einschreiben. Achtung: Päckchen und Pakete von und nach Brasilien bleiben oft wochenlang beim Zoll liegen.

Wo ist hier ein Postamt?	**Onde tem uma agência dos correios?** ['ondschi teng 'uma a'schänsia dos ko'heios]
Ich möchte … nach Deutschland / Österreich / in die Schweiz schicken.	**Eu quero mandar … para a Alemanha/áustria/Suíça.** ['eu 'kero man'dar … 'para ale'manja/ 'austria/'swißa]
einen Brief	**uma carta.** ['uma 'karta]
eine Postkarte	**um cartão postal.** [um kar'tau pos'tau]
Wie viel kostet es?	**Quanto custa?** ['kwanto 'kusta]
Diesen Brief bitte per…	**Por favor, eu quero mandar esta carta…** [por fa'wor 'eu 'kero man'dar 'esta 'karta]
Einschreiben.	**registrada.** [reschi'strada]
Luftpost.	**por avião.** [por awi'au]
Stempeln Sie die Briefe bitte ab.	**Carimbe as cartas, por favor.** [ka'rimbi as 'kartas por fa'wor]

➢ **auch Bank, S. 130**

Absender	**o remetente** [reme'tentschi]
Adresse	**endereço** [ende'reso]
ausfüllen	**preencher** [pre-en'scher]
Brief	**carta** ['karta]
Briefkasten	**caixa do correio** ['kaischa do ko'heio]
Briefmarke	**selo** ['selo]
Eilbrief	**carta expressa** ['karta es'preßa]
Einschreibebrief	**carta registrada** ['karta reschis'trada]
Empfänger	**destinatário** [destina'tario]

Formular	**formulário** [formu'lario]
frankieren	**franquear**[franke'ar], **selar [se'lar]**
Gebühr	**taxa** ['tascha]
Gewicht	**peso** ['peso]
Hauptpostamt	**agência central dos correios** [a'schänsia sen'trau dos ko'heios]
kleben	**colar** [ko'lar], **colocar** [kolo'kar]
Leerung	**a tiragem** [ti'rascheing]
Luftpost, mit	**por avião** [por awi'au]
nachsenden	**enviar** [enwi'ar], **remeter [reme'ter]**
Päckchen	**encomenda postal** [enko'menda pos'tau]
Paket	**o pacote** [pa'kotschi]
Paketkarte	**o boletim de expedição** [bole'ting di espedi'sau]
Porto	**tarifa** [ta'rifa]
Postamt	**correio** [ko'heio]
Postkarte	**o postal** [pos'tau]
postlagernd	**posta restante** ['posta res'tantschi]
Postleitzahl	**código postal** ['kodschigo pos'tau], **CEP** ['säpi]
Sondermarke	**selo especial** ['selo espesi'au]
Telefax	**o telefax** ['telefax]
Telegramm	**telegrama** [tele'grama]
Telex	**o telex** [te'lex]
Vordruck	**impresso** [im'preßo]
Wertangabe	**a declaração de valor** [deklara'sau di wa'lor]
Zollerklärung	**a declaração para a alfândega** [deklara'sau 'para a au'fandega]

Telefonieren

Im Straßenbild fallen die gelben und blauen Plastikhauben auf, auch "*Orelhão*" (großes Ohr) genannt, unter denen sich Münztelefone verstecken. Zum Telefonieren kauft man sich Jetons *(fichas)*, die in jeder Kneipe, am Zeitungskiosk oder bei Straßenverkäufern erhältlich sind.
Fichas für Ortsgespräche sind am billigsten. In das Münztelefon eines gelben *Orelhão* wirft man mehrere Münzen ein, eine gilt 3 Minuten. Für Ferngespräche innerhalb Brasiliens benötigt man die teureren Münzen und telefoniert von den blauen Plastikhauben aus. Diese haben ein *DDD*. Von einem *DDI* aus kann man auch nach Übersee telefonieren.
Informationen für Ferngespräche: 000333.
Internationale Vermittlung: 000111.
R-Gespräche im Inland: eine 9 vor der gewünschten Nummer wählen.
Wer kein Geld dabei hat, kann von jedem privaten Telefon aus die Nummer 0008049 wählen. Nach einiger Zeit meldet sich die *Telekom* in Frankfurt, und man kann ein R-Gespräch anmelden.

Wo kann man hier telefonieren?	**Onde se pode telefonar aqui?** ['ondschi si 'podschi telefo'nar a'ki]
Ich möchte 5 Telefonmünzen.	**Eu quero cinco fichas telefônicas.** ['eu 'kero 'sinko 'fischas tele'fonikas]
Können Sie mir beim Telefonieren helfen?	**Pode me ajudar a telefonar?** ['podschi mi aschu'dar a telefo'nar]
Ich möchte ein Orts-/Ferngespräch anmelden.	**Eu quero fazer uma chamada local/interurbana.** ['eu 'kero fa'ser 'uma scha'mada lo'kau/interur'bana]
Ich möchte nach ... telefonieren.	**Eu quero telefonar para ...** ['eu 'kero telefo'nar 'para]
Ich möchte ein R-Gespräch anmelden.	**Eu quero uma ligação a cobrar.** ['eu 'kero 'uma liga'sau a ko'brar]
Gehen Sie in Kabine 7!	**Atenda na cabine número sete!** [a'tenda na ka'bini 'numero 'sätschi]

Ein Telefongespräch

Wer spricht?	**Alô, quem está falando?** [a'lo keing es'ta fa'lando]
Hier spricht ...	**Aqui fala ...** [a'ki 'fala]

Ich möchte ... sprechen.	**Eu quero falar com...** ['eu 'kero fa'lar kon]
Bleiben Sie am Apparat.	**Aguarde.** [agu'ardi]
Er/Sie ist nicht da.	**Ele/Ela não está.** ['eli/'ela nau es'ta]
Kann ich etwas ausrichten?	**Quer deixar recado?** [ker dei'schar re'kado]
Wann wird er/sie wieder zurück sein?	**Quando ele/ela volta?** ['kwando 'eli/'ela 'wolta]
Können Sie ihm/ihr sagen, dass ich angerufen habe?	**Diga-lhe que telefonei?** ['diga-li ke telefo'nei]

abnehmen	**atender o telefone** [aten'der o tele'foni]
Anruf	**chamada** [scha'mada]
Anrufbeantworter	**secretária eletrônica** [sekre'taria ele'tronika]
anrufen	**telefonar** [telefo'nar]
Auskunft	**as informações** [informa'sois]
Auslandsgespräch	**chamada internacional** [scha'mada internasio'nau]
besetzt	**ocupado** [oku'pado]
Ferngespräch	**interurbano** [interur'bano]
Gebühr	**taxa** ['tascha], **tarifa [ta'rifa]**
Gespräch	**chamada** [scha'mada]
Hörer	**o fone de ouvido** ['foni di ou'wido]
Münzfernsprecher	**o telefone público** [tele'foni 'publiko]
Ortsgespräch	**chamada local** [scha'mada lo'kau]
R-Gespräch	**a ligação a cobrar** [liga'sau a ko'brar]
Telefon	**o telefone** [tele'foni]
Telefonbuch	**lista telefônica** ['lista tele'fonika]
Telefonhaube	**orelhão** [orel'jau]
Telefonkabine	**a cabine telefônica** [ka'bini tele'fonika]
Telefonkarte	**cartão de telefone** [kar'tau di tele'foni]
Telefonmünze *(für Ferngespräche)*	**ficha interurbana** ['fischa interur'bana], **DDD (Discagem Direta à Distância)** [d-d-d]
Telefonmünze *(für Ortsgespräche)*	**ficha local** ['fischa lo'kau]
Telefonnummer	**número do telefone** ['numero do tele'foni]
Verbindung	**a ligação** [liga'sau]
Voranmeldung	**chamada via telefonista** [scha'mada 'wia telefo'nista]
Vorwahlnummer	**código** ['kodschigo]
wählen	**discar** [dis'kar]

Kurzgrammatik

1. Verb (Verbo)

- Das Brasilianische kennt 3 Grundparadigmen zur Konjugation: Verben, die auf -ar, -er und -ir enden und regelmäßig konjugiert werden. Daneben gibt es eine Reihe von unregelmäßigen Verben; eine Auswahl von ihnen ist im Anhang zu finden.
- Das Konjugationssystem des Brasilianischen macht den Gebrauch der Personalpronomen überflüssig.

Präsens (Presente)	mandar schicken	entender verstehen	abrir öffnen
1. eu 2. tu 3. ele/ela/você/ o senhor/ a senhora 4. nós	mando mandas manda mandamos	entendo entende entende entendemos	abro abres abre abrimos
vós (die 2. Person Plural ist ungebräuchlich)			
5. eles/elas/vocês/ os senhores/ as senhoras	mandam	entendem	abrem

Partizip (Particípio)	mandado	entendido	aberto

Gerundium Gerúndio)	mandando	entendendo	abrindo

Imperativ (Imperativo)			
tu	manda	entende	abre
ele etc.	mande	entenda	abra
nós	mandemos	entendamos	abramos
eles etc.	mandem	entendam	abram

Futur (Futuro)			
1.	mandarei	entenderei	abrirei
2.	mandarás	entenderás	abrirás
3.	mandará	entenderá	abrirá
4.	mandaremos	entenderemos	abriremos
5.	mandarão	entenderão	abrirão

Konditional (Futuro do Pretérito)			
1.	mandaria	entenderia	abriria
2.	mandarias	entenderias	abririas
3.	mandaria	entenderia	abriria
4.	mandaríamos	entenderíamos	abriríamos
5.	mandariam	entenderiam	abririam

Perfekt (Pretérito Perfeito)			
1.	mandei	entendi	abri
2.	mandaste	entendeste	abriste
3.	mandou	entendeu	abriu
4.	mandamos	entendemos	abrimos
5.	mandaram	entenderam	abriram

Imperfekt (Pretérito Imperfeito)			
1.	mandava	entendia	abria
2.	mandavas	entendias	abrias
3.	mandava	entendia	abria
4.	mandávamos	entendíamos	abríamos
5.	mandavam	entendiam	abriam

Konjunktiv (Subjuntivo)			
1.	mande	entenda	abra
2.	mandes	entendas	abras
3.	mande	entenda	abra
4.	mandemos	entendamos	abramos
5.	mandem	entendam	abram

Konjunktiv Futur (Futuro do Subjuntivo)			
1.	mandar	entender	abrir
2.	mandares	entenderes	abrires
3.	mandar	entender	abrir
4.	mandarmos	entendermos	abrirmos
5.	mandarem	entenderem	abrirem

Konjunktiv Imperfekt (Imperfeito do Subjuntivo)			
1.	mandasse	entendesse	abrisse
2.	mandasses	entendesses	abrisses
3.	mandasse	entendesse	abrisse
4.	mandássemos	entendêssemos	abríssemos
5.	mandassem	entendessem	abrissem

Daneben kennt das Brasilianische den persönlichen Infinitiv (Infinitivo Pessoal)			
1.	mandar	entender	abrir
2.	mandares	entenderes	abrires
3.	mandar	entender	abrir
4.	mandarmos	entendermos	abrirmos
5.	mandarem	entenderem	abrirem

- Der persönliche Infinitiv findet zumeist dann Anwendung, wenn Unsicherheit darüber bestehen könnte, worauf sich eine Infinitivkonstruktion im Satz bezieht, oder wenn der Gebrauch des Konjunktiv im Nebensatz vermieden werden soll bzw. wenn großer Wert auf die Eindeutigkeit der Aussage gelegt wird. Beispiel:

  Seria bom fazer o trabalho. (Es wäre gut, wenn die Arbeit getan würde.)
  Seria bom fazeres o trabalho. (Es wäre gut, wenn du die Arbeit machtest.)

- Hinweis: Im Falle der regelmäßig konjugierten Verben sind die Formen des Konjunktiv Futur mit denen des persönlichen Infinitiv identisch.

2. Substantiv (Substantivo)

- Hinweis: Im Brasilianischen gibt es lediglich die Unterscheidung der Substantive nach den Genera maskulin oder feminin. Der Genus ist am Artikel erkennbar:

	maskulin	feminin
bestimmt unbestimmt	o homem um homem	a mulher uma mulher

•Femininbildung:	Erklärung	Beispiel
Substantive auf -o Substantive auf -l, -r, -s, -z	Ersetzung durch -a Anhängen der Femininendung -a	o amigo – a amiga o espanhol – a espanhola doutor – doutora o português – a portuguesa o juiz – a juíza
Besonderheiten:	Wörter auf -or können feminin auf -eira oder -triz bilden	o lavador a lavadeira o imperador – a imperatriz
Wörter auf nasale Diphtonge	-ão wird: -ã -oa -ona	o irmão – a irmã o patrão – a patroa o solteirão – a solteirona
unveränderliche auf: z.B. -ista, -ante, -ente, -inte	Maskulin und Feminin nur durch Artikel unterscheidbar	o turista – a turista o estudante – a estudante o cliente – a cliente o pedinte – a pedinte

- Substantive mit der Endung **o** oder **or** (Singular), **os** (Plural) sind männlich; Substantive mit der Endung **a** (Singular) bzw. **as** (Plural) sind weiblich. Nur bei Abweichungen von dieser Regel und bei anderen Endungen wird das Geschlecht der Substantive durch den Artikel angegeben.
- Die brasilianische Sprache verfügt über kein Kasussystem. Eine rigorose Satzgliedfolge und Präpositionen übernehmen die Funktion, die in anderen Sprachen Kasusendungen erfüllen: Subjekt (entspricht Nominativ) – Prädikat – Objekt (direktes Objekt: ohne Präposition entspricht Akkusativ; indirektes Objekt: mit Präposition a entspricht Dativ).

3. Adjektiv (Adjetivo)

- Das Adjektiv entspricht in Genus und Numerus dem Substantiv, welches es näher bezeichnet: o carro novo – a casa nova, o homem alemão – a mulher alemã.
- Die Bildung der femininen Formen erfolgt nach gleichen Regeln wie beim Substantiv.
- Im Regelfall stehen die Adjektive hinter dem Substantiv; aus Gründen der Hervorhebung können sie auch vorangestellt werden.

Steigerung der Adjektive:

Phänomen	Überlegenheit	Unterlegenheit
• Komparativ:	mais mais caro (teurer)	menos menos caro (billiger)
• relativer Superlativ:	o/os, a/as + mais o mais velho dos irmãos (der älteste der Brüder)	o/os, a/as + menos as menos afetadas das árvores (die am wenigsten betroffenen Bäume)
• absoluter Superlativ: gebildet aus Adjektiv ohne Endung + íssimo/íssima: caro – caríssimo, nova – novíssima		
Sonderformen:	grande – superior bom – melhor	pequeno – inferior mau – pior
• Vergleichskonstruktionen:	A é mais caro (do) que B (A ist teurer als B)	A é menos caro (do) que B (A ist billiger als B)
– Konstruktionen mit tão + Adjektiv:	A é tão caro como B (A ist genauso teuer wie B)	
– Konstruktion mit tanto + Substantiv (tanto stimmt in Genus und Numerus mit dem Substantiv überein)	Aqui há tanta gente como ali (Hier sind genauso viele Leute wie dort)	
– tanto als unveränderliches Adverb:	A come tanto como B (A isst genauso viel wie B) Gosto tanto deste carro como daquele (Dieses Auto gefällt mir genauso wie jenes)	

4. Pluralbildung (Formação do Plural)

Die Pluralbildung erfolgt grundsätzlich durch Anhängen des -s. Je nach Wortauslaut sind Besonderheiten zu beachten:

Phänomen	Singular	Plural
• vokalische Endung:	carro Auto	carros
– Substantive	casa Haus	casas
	pai Vater	pais
	irmã Schwester	irmãs
– Adjektive	mau schlecht	maus
	alemã Deutsche	alemãs
– Possessivpronomen:	meu mein	meus
• konsonantische Endung -r, -s, -z erhält -es als Pluralendung	doutor Doktor	doutores
	português Portugiese	portugueses
	capaz fähig	capazes
• Wörter auf -m bilden -ns	viagem Reise	viagens
	algum einiges	alguns
	bom gut	bons
• Wörter auf -l: -is (-l- fällt aus, aber die durch -l- bedingte Vokalöffnung bleibt erhalten, was bei betontem -e- und -o- durch Akzent kenntlich gemacht werden muss)		
-al	casal Ehepaar	casais
	pardal Spatz	pardais
-el	papel Papier	papéis
aber:	móvel Möbel	móveis
-ol	anzol Angel	anzóis
	espanhol Spanier	espanhóis
-ul	azul blau	azuis
aber -il endbetont: -s	fusil Gewehr	fusis
	civil zivil	civis
nicht endbetont: -eis	réptil Reptil	répteis
	útil nützlich	úteis
• Nasaldiphtong -ão: kann drei verschiedene Pluralformen bilden (-ões, -ães, -ãos)		
wichtigste Gruppe: -ões	tensão Spannung	tensões
	brincalhão Spaßvogel	brincalhões
	união Vereinigung	uniões
-ães	pão Brot	pães
	alemão deutsch	alemães
-ãos	mão Hand	mãos
	são gesund	sãos

5. Adverb (Advérbio)

Es gibt:

- ursprüngliche Adverbien, wie z.B. agora jetzt, aqui hier, assim so, bem gut, mal schlecht, muito sehr, sempre immer und
- abgeleitete Adverbien:
  - von der femininen Form des Adjektivs abgeleitet + Endung -mente:
    aberta – abertamente offen; nova – novamente von neuem
  - Adjektive auf -e, ohne gesonderte Maskulin- und Femininformen:
    solene – solenemente feierlich
  - Adjektive mit konsonantischer Endung + -mente:
    difícil – dificilmente kaum (die auf den Adjektiven liegenden und der Betonung dienenden Akzente fallen bei den Adverbformen fort).

6. Personalpronomen (Pronome Pessoal)

Subjekt-pronomen	Objektpronomen direktes Objekt	indirektes Objekt	präpositionales Objekt
eu – ich	me – mich	me – mir	mim – mir/mich
tu – du	te – dich	te – dir	ti – dir/dich
ele – er	o – ihn	lhe – ihm	ele – ihm/ihn
ela – sie	a – sie	ihe – ihr	ela – ihr/sie
nós – wir	nos – uns	nos – uns	nós – uns
vós (ungebr.)	vos – euch	vos – euch	vós (ungebr.)
eles – sie	os – sie	lhes – ihnen	eles – ihnen/sie
elas – sie	as – sie	lhes – ihnen	elas – ihnen/sie
	se – sich		si – sich

Reflexivpronomen: se – sich, si – sich

- Das Reflexivpronomen se wird auch benutzt, um das unpersönliche „man" auszudrücken: fala-se alemão (man spricht deutsch).
- Die unbetonten, vokalischen Pronomen des direkten Objekts bilden mit den unbetonten Pronomen des indirekten Objekts Kontraktionsformen:

me + o = mo	me + a = ma	me + os = mos	me + as = mas
te + o = to	te + a = ta	te + os = tos	te + as = tas
lhe + o = lho	lhe + a = lha	lhe + os = lhos	lhe + as = lhas
nos + o = no-lo	nos + a = no-la	nos + os = no-los	nos + as = no-las
vos + o = vo-lo	vos + a = vo-la	vos + os = vo-los	vos + as = vo-las
lhes + o = lho	lhes + a = lha	lhes + os = lhos	lhes + as = lhas

- Die unbetonten, vokalischen Objektpronomen bilden in Verbindung mit bestimmten Verbformen Sonderformen:
  - Verbformen mit der Endung auf -r, -s oder -z binden das unbetonte, vokalische Objektpronomen in der Form -lo, -la, -los, -las, wobei -r, -s bzw. -z ausfallen:
    fazer + o = fazê-lo, fazemos + o = fazemo-lo, faz + o = fá-lo (Anmerkung: zur Erhaltung der Vokalqualität erhalten die betonten Vokale am Wortende den entsprechenden Akzent, ^ für geschlossenes e und ´ für offenes a.
  - Verben mit nasalem Laut ziehen den Nasallaut durch Einschub eines n zum angehängten vokalischen Objektpronomen herüber: contam + o = contam-no, fazem + o = fazem-no, dão + o = dão-no.
- Einige der betonten, nach Präpositionen stehenden Objektpronomen können gemeinsam mit der Präposition com Kontraktionsformen bilden: com + mim = comigo, com + ti = contigo, com + nós = conosco, com + vós = convosco, com + si = consigo.
- Stellung der Objektpronomen:
  Im bejahten Aussagesatz stehen die Objektpronomen nach dem Verb. Vor dem Verb stehen sie:
  - In Fragesätzen: como te sentes? (sinto-me bem) wie geht es dir? (mir geht es gut)
  - bei der Verneinung: não me sinto bem. es geht mir nicht gut
  - nach bestimmten Adverbien: ainda hoch, já schon, sempre immer, talvez vielleicht u.a.
  - in Nebensätzen: dizes que te sentes bem. du sagst, dass es dir gut geht
  - nach Indefinitpronomen: alguém irgendeiner, cada jeder, tudo alle etc.

7. Anrede (Pronome de Tratamento)

Die wichtigsten Anredeformen im Brasilianischen sind: tu du, você du/Sie, o senhor/a senhora Herr/Frau:

- você
  - eine Möglichkeit, die höfliche Anrede Sie auszudrücken
  - wird nur von Personen desselben sozialen Standes und gleichen Alters verwendet
  - findet auch Anwendung innerhalb einer Hierarchie, vom Vorgesetzten zum Untergebenen, niemals umgekehrt
  - in Brasilien stellt você, zusammen mit der 3. Person Singular des Verbs, die vertrauliche Du-Form dar

- vocês
  - die Pluralform + 3. Person Plural des Verbs – wird an Stelle der 2. Person Plural (vós) als vertrauliches Ihr gebraucht
- o senhor/a senhora
  - stellt die korrekte, höfliche Anrede – Sie – unter Personen, die einander nicht kennen oder sonst respektvollen Umgang miteinander pflegen. Titel werden der Anredeform nachgestellt: O senhor doutor (kurz: o sr. Dr.)
- Dona
  - wird häufig als höfliche Anrede einer Frau benutzt, die der Sprecher mit Namen kennt: a Dona (kurz: a. D.) + Vorname oder auch Vor- und Zuname.
- senhorita
  - lautet die übliche Anrede, die dem deutschem „Fräulein" entspricht (zumeist gefolgt vom Vornamen).

8. Präposition (Preposição)

- Zur Besonderheit einiger Präpositionen (a, de, em, por) gehört, dass sie mit folgenden Wörtern (Artikel, Personal- oder Demonstrativpronomen) Kontraktionsformen bilden können:
  - a + Artikel: a + a/as = à/às, a + o/os = ao/aos
    de + Artikel: de + a/as = da/das, de + o/os = do/dos
    em + Artikel: em + a/as = na/nas, em + o/os = no/nos
    por + Artikel: por + a/as = pela/pelas, por + o/os = pelo/pelos
  - de bzw. em + vokalisch anlautende Personalpronomen der 3. Person:
    –de + ele(s) = dele(s), de + ela(s) = dela(s)
    –em + ele(s) = nele(s), em + ela(s) = nela(s)
  - de bzw. em + Demonstrativpronomen:
    –de + este(s) = deste(s), em + este(s) = neste(s) etc.
    –de + aquela(s) = daquela(s), em + aquela(s) = naquela(s) etc.
  - a + auf a anlautendes Demonstrativpronomen: a + aquele = àquele

9. Demonstrativpronomen (Pronome Demonstrativo)

maskulin	feminin	unveränderlich	
este/estes	esta/estas	isto	dies(e, er, es) (direkt beim Sprecher)
esse/esses	essa/essas	isso	dies(e, er, es) (unweit vom Sprecher)
aquele/aqueles	aquela/aquelas	aquilo	jene(r, s)

(Anmerkung: die unveränderlichen Demonstrativpronomen könnte man als neutral bezeichnen; sie weisen eher auf abstrakte Dinge oder Sachverhalte hin. Konkrete Dinge werden mit Hilfe des maskulinen oder femininen Demonstrativpronomens ausgedrückt.)

10. Possessivpronomen bzw. –adjektiv (Pronome/Adjetivo Possessivo)

maskulin	feminin	
meu/meus	minha/minhas	mein(e)
teu/teus	tua/tuas	dein(e)
seu/seus	sua/suas	sein(e)/ihr(e)
nosso/nossos	nossa/nossas	unser(e)
vosso/vossos	vossa/vossas	euer(e)
seu/seus	sua/suas	ihr(e)

Das Possessivpronomen bzw. -adjektiv stimmt in Genus und Numerus mit dem Nomen überein, dessen „Besitz" angezeigt werden soll. Dem Possessivadjektiv wird in der Regel der entsprechende Artikel vorangestellt: o meu pai mein Vater, as tuas calças deine Hosen etc.

11. Relativpronomen (Pronome Relativo)

veränderlich		
maskulin	feminin	
o qual/os quais	a qual/as quais	welche/r, s)/der, die, das
cujo/cujos	cuja/cujas	dessen/deren

Die jeweilige Form von cujo richtet sich in Genus und Numerus nach dem Satzglied, das auf cujo folgt: é o pai cuja filha ganhou (das ist der Vater, dessen Tochter gewann).

unveränderlich	
que	– was/der, die, das/welche(r, s)
o que	– was, welche(r, s) (wird als bezugsloses Pronomen bezeichnet, weil es ganze, nicht mit einem Wort fassbare Sinnzusammenhänge zum Ausdruck bringt: contaram-lhe toda a história, o que não achei bom – sie erzählten ihm die ganze Geschichte, was mir überhaupt nicht gefiel.
onde	– wo
quem	– wer/der, die, das (nur auf Personen bezogen)

Die Relativpronomen können mit einer vorangestellten Präposition auftreten, die Bestandteil der Rektion des Verbs des Nebensatzes ist: a mulher de quem gosta – die Frau, die ihm gefällt etc.

12. Interrogativpronomen (Pronome Interrogativo)

que – was (mehr Nachdruck: o que; als allein stehende Frage: o quê?)
quem – wer (als direktes Objekt: wen; a quem – als indirektes Objekt: wem)
qual – welche(r, s) (Plural: quais)
quanto – wie viel (quanta, quantos, quantas)

weitere Fragewörter:

por que – warum (allein stehend: por quê?)
para que – wofür, weshalb, wozu
como – wie
quando – wann
onde – wo
aonde – wohin
donde – woher

13. Indefinitpronomen (Pronome Indefinito)

veränderlich		
maskulin/feminin		Plural
algum/alguma	irgendein(e, er, es), etwas	alguns/algumas – einige
nenhum/nenhuma	keinerlei, kein(e, er, es)	nenhuns/nenhumas – keine
todo/toda	ganze(r, s)	todos/todas – alle
outro/outra	andere(r, s)	outros/outras – andere
muito/muita	viel	muitos/muitas – viele
pouco/pouca	wenig	poucos/poucas – wenige
certo/certa	gewisse(r, s)	certos/certas – gewisse
vário/vária	verschiedene(r, s)	vários/várias – verschiedene
tanto/tanta	so viel	tantos/tantas – so viele
quanto/quanta	wie viel	quantos/quantas – wie viele
qualquer	irgendein(e, er, es)	quaisquer – irgendwelche

unveränderlich

alguém – jemand
ninguém – niemand
tudo – alles
outrem – jemand anderes
nada – nichts
cada – jeder
algo – etwas

14. Syntax (Sintaxe)

1. Der Aussagesatz

Im bejahten Aussagesatz gilt folgende Regel für die Satzgliedfolge: Subjekt – Prädikat – Objekt (und ggf. adverbiale Bestimmungen, die vor oder nach S-P-O stehen):

(adv. B.)	Subjekt	Prädikat	Objekte	(adv. B.)
	a mulher	escreve	uma carta	

(die Frau schreibt einen Brief)

- Aussagesatz mit zwei Objektiven – direktes und indirektes Objekt (im Deutschen Dativ- und Akkusativobjekt):

a mulher	escreve	uma carta	ao marido

(die Frau schreibt ihrem Mann einen Brief)

(Im Brasilianischen steht das direkte(!) Objekt direkt beim Verb, im Gegensatz zum indirekten Objekt)

- adverbiale Bestimmungen:

hoje,	a mulher	escreve	uma carta	(oder:)
	a mulher	escreveu	a carta	ontem

Abweichungen vom Grundmuster:

- Will man eine Person oder einen Sachverhalt besonders hervorheben, kann dies zur Umstellung der Satzglieder innerhalb des Satzes führen:

  a carta, escreve-a a mulher

  (etwa: den Brief, den schreibt die Frau)

- Verneinung:
  die Verneinungspartikel não steht vor dem Verb:

  a mulher não escreve a carta

2. Der Fragesatz

- Entscheidungsfragen: Durch veränderte Intonation kann ein Aussagesatz in eine Frage verändert werden:

a mulher	escreve	uma carta?	(oder:)
a mulher	escreve	a carta	hoje?

- bei Fragen, die mit Fragewort eingeleitet werden, findet eine Inversion statt:

  quando escreve a mulher?

  Durch Einschub der Wendung „é que" kann in diesen Fällen auf die Inversion verzichtet werden:

  quando é que a mulher escreve a carta?

Unregelmäßige Verben (Verbos Irregulares)

Einige Hilfsverben (Alguns Verbos Auxiliares)

Estar – sein

Presente	estou, estás, está, estamos, estais, estão
Pretérito Perfeito	estive, estiveste, esteve, estivemos, estivestes, estiveram
Subjuntivo	esteja, estejas, esteja, estajamos, estejais, estejam
Futuro do Subjuntivo	estiver, estiveres, estiver, estivermos, estiverdes, estiverem
Imperfeito do Subjuntivo	estivesse, estivesses, estivesse, estivéssemos, estivésseis, estivessem

Haver

Presente	hei, hás, há, havemos, haveis, hão
Pretérito Perfeito	houve, houveste, houve, houvemos, houvestes, houveram
Subjuntivo	haja, hajas, haja, hajamos, hajais, hajam
Futuro do Subjuntivo	houver, houveres, houver, houvermos, houverdes, houverem
Imperfeito do Subjuntivo	houvesse, houvesses, houvesse, houvvéssemos, houvésseis, houvessem

Ser

Presente	sou, és, é, somos, sois, são
Pretérito Perfeito	fui, foste, foi, fomos, fostes, foram
Subjuntivo	seja, sejas, seja, sejamos, sejais, sejam
Futuro do Subjuntivo	for, fores, for, formos, fordes, forem
Imperfeito do Subjuntivo	fosse, fosses, fosse, fôssemos, fôsseis, fossem

Ter

Presente	tenho, tens, tem, temos, tendes, têm
Pretérito Perfeito	tive, tiveste, teve, tivemos, tivestes, tiveram
Subjuntivo	tenha, tenhas, tenha, tenhamos, tenhais, tenham
Futuro do Subjuntivo	tiver, tiveres, tiver, tivermos, tiverdes, tiverem
Imperfeito do Subjuntivo	tivesse, tivesses, tivesse, tivéssemos, tivésseis, tivessem

Ir + Infinitiv

In Brasilien überwiegt in der Umgangssprache die periphrastische Konstruktion von ir + Infinitiv. Sie dient zum Ausdruck des Futurs und im Alltag fast immer der *unmittelbar auszuführenden* Absicht. So mancher Gringo hat sich mit diesem Hilfsverb während seines Brasilienaufenthalts sprachlich elegant durchgeschlagen:

eu vou visitar o meu amigo – Ich werde meinen Freund besuchen.
ele/ela vai assistir televisão – Er/sie wird fernsehen.
nós vamos beber uma cerveja – Wir werden ein Bier trinken.
eles/elas vão tomar um banho – Sie werden baden.

Ir

Presente	vou, vais, vai, vamos, ides, vão
Pretérito Perfeito	fui, foste, foi, fomos, fostes, foram
Subjuntivo	vá, vás, vá, vamos, vades, vão
Futuro do Subjuntivo	for, fores ...
Imperfeito do Subjuntivo	fosse, fosses, fosse, fôssemos, fôsseis, fossem

Deutsch–Brasilianisch

Das themenbezogene Vokabular finden Sie in den Wortlisten der Kapitel.

A

ab de [di], desde ['deisdi]; a partir de [a par'tschir di]
Abend a tarde ['tardschi]; *(nach Einbruch der Dunkelheit)* a noite ['noitschi]
aber mas ['mas]
abfahren (von) partir (de) [par'tschir (di)]
Abfall lixo ['lischo]
abgeben entregar [entre'gar]
abholen ir buscar [ir bus'kar]
Abkürzung abreviatura [abrewia'tura]; *(Weg)* atalho [a'taljo]
ablehnen recusar [reku'sar]
abreisen (nach) partir (para) [par'tschir ('para)]
abschließen fechar [fe'schar]
abwärts para baixo ['para 'baischo]
Achtung a atenção [aten'sau]
Adresse endereço [ende'reso]
Agentur agência [a'schänsia]
ähnlich parecido [pare'sido]
akklimatisieren, s. ~ adaptar-se [adap'tar-si]
alle todos ['todos]
allein só [so], sozinho [so'sinjo]
alles tudo ['tudo]
als *(zeitlich)* quando ['kwando]; *(bei Vergleich)* que [ke], do que [do ke]
also então [en'tau], portanto [por'tanto]
alt *(nicht frisch)* velho ['weljo]; *(aus früheren Zeiten)* antigo [an'tigo]
Alter a idade [i'dadschi]
Amt *(Dienststelle)* a repartição [reparti'sau]
amüsieren, s. ~ divertir-se [diwer'tir-si]
an em ['eing]; **am Amazonas** junto do Amazonas ['schunto do ama'sonas]
andere, der ~ o outru ['outru]
anders *adj* diferente [dife'reintschi]; *adv* de outra maneira/forma [di 'outra ma'neira/'forma], de outro jeito [di 'outro 'scheito]
anderswo noutro lado ['noutro 'lado]
Anfang começo [ko'mäso]
anfangen começar [komä'sar]
Angabe a indicação [indika'sau]
angenehm agradável [agra'daweo]
Angst medo ['medo]
anhalten parar [pa'rar]
Anlage a instalação [instala'sau]; *(Brief)* anexo [a'nexo]
anmelden *(ankündigen)* anunciar [anung'siar]
ansehen ver [wer], observar [obser'war]
anstatt em vez de ['eing wes di]
anstrengend fatigante [fati'gantschi]

antworten responder [respon'der]
anziehen *(Kleidungsstück)* vestir [wes'tir]
anzünden acender [asen'der]
Apparat aparelho [apa'reljo]
Appetit o apetite [ape'titschi]
Arbeit trabalho [tra'baljo]; *(Anstellung)* emprego [em'prego]
arbeiten trabalhar [trabal'jar]
arbeitslos desempregado [deseingpre'gado]
ärgern, s. ~ über irritar-se com [ihi'tar-si kon], aborrecer-se com [abohe'ser-si kon]
arm pobre ['pobri]
Art maneira [ma'neira], modo ['modo]
Atlantik Atlântico [at'lantiko]
auch também [tam'being]; **~ nicht** também não [tam'being nau]
auf (1) *prp* sobre ['sobri], em cima de ['eing 'sima di], em ['eing]; **auf Portugiesisch** o português ['eing portu'gäs]
auf (2) *(offen)* aberto [a'berto]
aufbewahren guardar [gua'dar], conservar [konser'war]
Aufenthalt estada [e'stada]
auffordern convidar [konwi'dar]
aufhalten, s. ~ demorar-se [demo'rar-si]
aufhören acabar [aka'bar], terminar [termi'nar], parar [pa'rar]
aufpassen (auf) tomar conta (de) [to'mar 'konta di]
aufschreiben anotar [ano'tar], tomar nota de [to'mar 'nota di]
aufstehen levantar-se [lewan'tar-si]
aufwachen acordar [akor'dar], despertar [desper'tar]
aufwärts para cima ['para 'sima]
Augenblick momento [mo'mento]
aus *(Herkunft)* de [di]; *(Material)* de [di]; *(Grund)* por [por]
Ausbildung a formação [forma'sau], a instrução [instru'sau]
Ausdruck a expressão [espre'sau]
ausdrücklich expressamente [espreßa'meintschi]
Ausgang saída [sa'ida]
ausgeben gastar [gas'tar]
ausgehen *(Haus verlassen)* sair [sa'ir]; *(Licht)* apagar-se [apa'gar-si]
ausgezeichnet excelente [ese'leintschi]
Auskunft a informação [informa'sau]
Ausland estrangeiro [estran'scheiro]
Ausländer/in estrangeiro/estrangeira [estran'scheiro/estran'scheira]
ausländisch estrangeiro [estran'scheiro]
ausruhen, s. ~ descansar [deskan'sar]
außen fora ['fora]
außer exceto [e'seto], além de [a'leing di]
außerdem além disso [a'leing 'dißo]
außergewöhnlich extraordinário [estraordi'nario]
außerhalb fora de ['fora di]
Aussicht vista ['wista]
aussprechen pronunciar [pronunsi'ar]
aussuchen escolher [eskol'jer]
austauschen trocar [tro'kar]
Ausverkauf a liquidação [likwida'sau], saldo ['saudo]
Auswahl escolha [es'kolja]

Auto carro ['kaho], o automóvel [auto'moweo]; ~ **fahren** dirigir [diri'schir], conduzir [kondu'sir]
automatisch automático [auto'matiko]

B

Baby o bebê [be'be]
bald logo ['logo], breve ['brewi]; **so ~ wie möglich** o mais depressa possível [o mais de'preßa po'ßiweo], quanto antes ['kwanto 'antes]
Ball bola ['bola]; *(Fest)* o baile ['baili]
Bank *(Geldinstitut, Sitz ~)* banco ['banko]
bar zahlen pagar em dinheiro [pa'gar 'eing dschin'jeiro]
Bauernhof fazenda [fa'senda]
Baum a árvore ['arwori]
beabsichtigen tencionar [tensio'nar]
beachten considerar [konside'rar]
Beanstandung a reclamação [reklama'sau]
beantworten responder a [respon'der a]
bedauern lamentar [lamen'tar], sentir [sen'tschir]
Bedeutung *(Sinn)* significado [signifi'kado], a significação [signifika'sau]
Bedienung serviço [ser'wiso]
Bedingung a condição [condi'sau]
beeilen, s. ~ apressar-se [apre'ßar-si], despachar-se [despa'schar-si]
beenden acabar [aka'bar], terminar [termi'nar]
befinden, s. ~ encontrar-se [enkon'trar-si]
befreundet sein ser amigo [ser a'migo]
befürchten recear [rese'ar]
begegnen encontrar [enkon'trar]
begeistert (von) entusiasmado (com) [entusias'mado]
begleiten acompanhar [akompan'jar]
begrüßen cumprimentar [kumprimen'tar]
behalten guardar [guar'dar], ficar com [fi'kar kon]
Behälter o recipiente [resipi'eintschi], depósito [de'posito]
behandeln tratar [tra'tar]
behaupten afirmar [afir'mar]
Behörde as autoridades [autori'dadsches]
bei *(nahe)* perto de ['perto di]
beide ambos ['ambos], ambas ['ambas]
Beifall aplausos [a'plausos]
Beispiel exemplo [e'semplo]; **zum Beispiel** por exemplo [por e'semplo]
beißen morder [mor'der]
bekannt conhecido [konje'sido]; **jdn mit jdm ~ machen** apresentar alg a alg [apresen'tar au'gein a au'gein]
Bekannte, der/die ~ conhecido/conhecida [konje'sido/konje'sida]
Bekanntschaft conhecimento [konjesi'mento]
beklagen, s. ~ (über) queixar-se (de) [kei'schar-si (di)]
bekommen receber [rese'ber]
belästigen importunar [importu'nar], incomodar [inkomo'dar]
Beleidigung ofensa [o'fensa]

Belohnung recompensa [rekom'pensa], a gratificação [gratifika'sau]
bemerken notar [no'tar]
bemühen, s. ~ esforçar-se [esfor'sar-si]
benachrichtigen avisar [awi'sar], informar [infor'mar]
benötigen precisar de [presi'sar di]
benutzen utilizar [utili'sar], usar [u'sar]
beobachten observar [obser'war]
bequem cômodo ['komodo], confortável [konfor'taweo]
berechnen calcular [kauku'lar]
bereit pronto ['pronto], disposto [dis'posto]
bereits já ['scha]
Berg o monte ['montschi], morro ['moho]
Beruf a profissão [profi'ßau]
beruhigen, s. ~ acalmar-se [akal'mar-si]
berühmt célebre ['selebri], famoso [fa'moso]
berühren tocar [to'kar]
beschädigen danificar [danifi'kar]
bescheinigen certificar [sertifi'kar], atestar [ates'tar]
beschließen resolver [resol'wer], decidir [desi'dir]
beschreiben descrever [deskre'wer]
beschweren, s. ~ (über) queixar-se (de) [kei'schar-si (di)]
besetzt *(Platz)* ocupado [oku'pado]
besichtigen visitar [wisi'tar]
Besitzer o possuidor [poßui'dor], dono ['dono], proprietário [proprie'tario]
besonders especialmente [espesiau'meintschi]
besorgen arranjar [ahan'schar]
besser melhor [mel'jor]
bestätigen confirmar [konfir'mar]
beste(r, s) melhor [mel'jor]
bestehen auf insistir em [insis'tir 'eing]; **bestehen aus** constar de [kon'star di], ser constituído por [ser konstitu'ido por]
bestimmt *adj* certo ['serto], determinado [determi'nado]; *adv* certamente [serta'meintschi], com certeza [kon ser'tesa]
Besuch visita [wi'sita]
besuchen, jdn ~ visitar alg [wisi'tar au'gein]
beten rezar [re'sar]
Betrag importância [impor'tansia], quantia [kwan'tia]
betreten entrar em [en'trar 'eing]
betrinken, s. ~ embriagar-se [embria'gar-si]
Betrug *(Gaunerei)* engano [en'gano], a vigarice [wiga'risi]; *(Handel)* a fraude ['fraudschi]
betrunken embriagado [embria'gado]
Bett cama ['kama]; **zu ~ gehen** ir deitar-se [ir dei'tar-si], ir para a cama [ir 'para a 'kama]
beunruhigen, s. ~ inquietar-se [inkie'tar-si]
Beutel bolsa ['bolsa]
bevor antes de ['antes di]
bewachen vigiar [wischi'ar]
Beweis prova ['prowa]
bewundern admirar [admi'rar]
bezahlen pagar [pa'gar]
bezaubernd encantador [enkanta'dor]
Bezeichnung a designação [designa'sau]
Biene abelha [a'belja]
bieten oferecer [ofere'ser]

Bild *(Foto)* fotografia [fotogra'fia]; *(Gemälde)* quadro ['kwadro]
bilden formar [for'mar], constituir [konstitu'ir]
billig barato [ba'rato]
bis até [a'tä]; **bis jetzt** até agora [a'tä a'gora]
bisschen, ein ~ um pouco [um 'pouko]
Bitte pedido [pe'dido]
bitten, jdn um etw ~ pedir alguma coisa a alg [pe'dschir au'guma 'koisa a au'gein]
bitter amargo [a'margo]
Blatt folha ['folja]
bleiben ficar [fi'kar]
bleich pálido ['palido]
Blick o olhar [ol'jar]; *(Ausblick)* vista ['wista]
blöd(e) bôbo ['bobo], tolo ['tolo], estúpido [es'tupido]
blühen florescer [flore'ser]
Blume a flor ['flor]
Boden solo ['solo], chão ['schau]; *(Fußboden)* chão ['schau]
böse mau [mau]; *(verärgert)* zangado [san'gado]
Botschaft *(dipl. Vertretung)* embaixada [embai'schada]
Brand incêndio [in'sändio], fogo ['fogo]
Brasilianer/in brasileiro/brasileira [brasi'leiro/brasi'leira]
brasilianisch brasileiro [brasi'leiro]
Brasilien (o) Brasil [bra'siu]
brauchen precisar de [presi'sar di], necessitar (de) [neseßi'tar (di)]; *(Zeit)* levar [le'war]
braun castanho [kas'tanjo], marrom [ma'hom]; *(gebräunt)* bronzeado [bronse'ado], queimado [kei'mado]
breit largo ['largo]
brennen arder [ar'der]
Brieftasche carteira [kar'teira]
bringen *(her~)* trazer [tra'ser]; *(weg~)* levar [le'war]
Bruder irmão [ir'mau]
Buch livro ['liwro]
buchen *(Platz)* marcar [mar'kar], reservar [reser'war]
buchstabieren soletrar [sole'trar], dizer as letras [di'ser as 'letras]
Bucht baía [ba'ia]
Bummel passeio [pa'ßeio]
bunt colorido [kolo'rido], polícromo [po'likromo]
Büro escritório [eskri'torio]
Busch arbusto [ar'busto], o bosque ['boski]; *(Urwald)* selva ['selwa]

C

Café o café [ka'fä]
Chef o chefe ['schefi]
Cousin/e primo['primo]/prima ['prima]

D

da *(Ort)* aí [a'i], ali [a'li], além [a'leing], lá [la]; *(Grund)* como ['komo], já que [scha ke]; **da sein** *(anwesend)* estar presente [es'tar pre'seintschi]
dafür sein ser a favor de [ser a fa'wor di]
dagegen sein ser contra [ser 'kontra]
daheim em casa ['eing 'kasa]
damals naquela época [na'kela 'epoka], antigamente [antiga'meintschi]
danach depois [de'pois]
danken agradecer [agrade'ser]

dann então [en'tau], depois [de'pois]
dass que [ke]
dasselbe o mesmo [o 'mesmo]
Datum data ['data]
Dauer a duração [dura'sau]
dauern durar [du'rar]
dein teu ['teu], tua ['tua]
denken an pensar em [pen'sar 'eing]
denn pois ['pois], porque [por'ke]
deshalb por isso [por 'ißo]
deutlich claro ['klaro]
deutsch alemão [ale'mau]
Deutsche, der/die ~ o alemão [ale'mau]/a alemã [ale'ma]
Deutschland Alemanha [ale'manja]
dich te [te], ti [ti]
dick gordo ['gordo]
diese(r, s) esta ['esta], este ['esti], essa ['äßa], esse ['eßi]
Ding coisa ['koisa]
dir te [te], ti [ti]
direkt direto [di'räto]
Direktion a direção [dire'sau]
doch mas [mas], porém [po'reing]
doppelt duplo ['duplo]
Dorf aldeia [au'deia], vila ['wila]
dort ali [a'li], além [a'leing], lá [la]; *(beim Angeredeten)* aí [a'i]
Dose caixa ['kaischa], lata ['lata]
draußen fora ['fora]
drin(nen) dentro ['dentro], no interior [no interi'or]
dringend urgente [ur'scheintschi]
dritte(r, s) terceiro [ter'seiro]
du tu [tu], você [wo'se]
dumm parvo ['parwo], tolo ['tolo]
dunkel escuro [es'kuro]
dünn delgado [del'gado]
durch *(quer ~)* através de [atra'weis di]; *(mittels)* por [por], por meio de [por 'meio di]; *(Passiv)* por [por]
Durchreise, auf der ~ de passagem [di pa'ßascheing]
durchschnittlich *adj* médio ['mädio]; *adv* em média ['eing 'mädia]
dürfen poder [po'der]
durstig sein ter sêde [ter 'säd-schi]

E

eben *(flach)* plano ['plano]; *(zeitlich)* agora mesmo [a'gora 'mesmo]
Ebene a planície [pla'nisie]
echt autêntico [au'täntiko]
Ecke esquina [es'kina], canto ['kanto]
Ehefrau a mulher [mul'jer], esposa [es'posa]
Ehemann marido [ma'rido], esposo [es'poso]
eigen próprio ['proprio]
Eigenschaft a qualidade [kwali'dadschi]
eigentlich verdadeiro [werda'deiro]; *adv* no fundo [no 'fundo], para dizer a verdade ['para di'ser a wer'dadschi]
Eigentümer proprietário [proprie'tario], dono ['dono]
eilig apressado [apre'ßado]; **es eilig haben** ter pressa [ter 'preßa]
ein(e) um [um], uma ['uma]
Eindruck a impressão [impre'ßau]
einfach simples ['simples]
Eingang entrada [en'trada]
einheimisch natural [natu'rau], nativo [na'tiwo], indígena [in'dischena]
einige alguns [au'guns], algumas [au'gumas]

einigen, s. ~ chegar a acordo [che'gar a a'kordo]
einkaufen comprar [kom'prar], fazer compras [fa'ser 'kompras]
einladen convidar [konwi'dar]
einmal uma vez ['uma wes]
einpacken embrulhar [embrul'jar]
einsam solitário [soli'tario], sozinho [so'sinho]
einschalten ligar [li'gar]
eintreffen chegar [sche'gar]
eintreten entrar [en'trar]
Eintritt entrada [en'trada]
Eintrittskarte o bilhete [bil'jetschi] ingresso [in'gräßo]
Eintrittspreis preço de entrada ['preso di en'trada]
Einwohner o habitante [habi'tantschi]
einzig único ['uniko]
elektrisch elétrico [e'lätriko]
Eltern os pais ['pais]
empfangen receber [rese'ber]
empfehlen recomendar [rekomen'dar]
Ende o fim [fing]; **am Ende** por fim [por fing]
enden acabar [aka'bar], terminar [termi'nar]
endgültig *adj* definitivo [defini'tiwo]; *adv* definitivamente [definitiwa'meintschi]
endlich finalmente [finau'meintschi]
eng estreito [es'treito]
englisch inglês [in'gles]
Enkel/in neto/neta ['neto/'neta]
entdecken descobrir [desko'brir]
entfernt distante [dis'tantschi]
Entfernung distância [dis'tansia]
entgegengesetzt oposto [o'posto]
enthalten conter [kon'ter]
entscheiden decidir [desi'dir], resolver [resol'wer]
entschließen, s. ~ decidir-se [desi'dir-si], resolver-se [resol'wer-si]
Entschuldigung desculpa [des'kulpa]
enttäuscht desiludido [desilu'dido]
entweder ... oder ou ... ou [ou ...ou]
entwickeln desenvolver [desenwol'wer]
entzückend encantador [enkan'tador]
er ele ['eli]
Erde terra ['täha]
Erdgeschoss térreo ['täheo]
ereignen, s. ~ suceder [suse'der], acontecer [akonte'ser]
Ereignis acontecimento [akontesi'mento]
erfahren *verb* saber [sa'ber]
erfreut (über) satisfeito (com) [satis'feito (kon)], contente (com) [kon'teintschi (kon)]
Erfrischung refresco [re'fresko]
Ergebnis resultado [resul'tado]
erhalten receber [rese'ber]; *(durch Bemühung)* conseguir [konsegu'ir], obter [ob'ter]
erhöhen *(Preise)* aumentar [aumen'tar]
erholen, s. ~ descansar [deskan'sar], restabelecer-se [restabeleser-si]
erinnern, jdn an etw ~ lembrar alguma coisa a alg [lembrar au'guma 'koisa a au'gein]; **s. erinnern** lembrar-se [lem'brar-si], recordar-se [rekor'dar-si]
erklären *(angeben)* declarar [dekla'rar]; *(deutlich machen)* explicar [espli'kar]

erkundigen, s. ~ informar-se [infor'mar-si]
erlauben permitir [permi'tschir]
Erlaubnis a permissão [permi'ßau], a autorização [autorisa'sau]
erledigen resolver [resol'wer], despachar [despa'schar]
Ermäßigung a redução [redu'sau], desconto [des'konto]
ermöglichen permitir [permi'tschir], tornar possível [tor'nar po'ßiweo]
ernst sério ['särio]
Ernte colheita [kol'jeita]
erreichen alcançar [aukan'sar], conseguir [konsegu'ir]
Ersatz *(Schaden~)* a indenização [indenisa'sau]
erschöpft esgotado [esgo'tado]
erschrecken assustar [aßus'tar]
ersetzen substituir [substitu'ir]; *(Schaden)* reparar [repa'rar], indenizar [indeni'sar]
erst *(zuerst)* primeiro [pri'meiro]; *(nicht früher als)* só [so]
erste(r, s) primeiro [pri'meiro]
Erwachsene(r) adulto [a'dulto]/ adulta [a'dulta]
erwarten esperar [espe'rar]
erzählen contar [kon'tar]
Erziehung a educação [eduka'sau]
Esel burro ['buho]
essbar comestível [komes'tiweo]
Essen *(Nahrung)* comida ['komida]; *(Mahlzeit)* a refeição [refei'sau]
essen comer [ko'mer]
etwa cerca de ['serka di]
etwas algo ['augo], alguma coisa [au'guma 'koisa]; *(ein wenig)* um pouco [um 'pouko]
euch *dat* lhes [lis], a vocês [a wo'ses]; *acc* os/as [os/as], vocês [wo'ses]
euer vosso ['woßo]
Europa Europa [eu'ropa]
Europäer/in europeu [euro'peu], europeia (éi) [euro'peia]
europäisch europeu [euro'peu]
extra extra ['estra], especial [espesi'au]

F

Fabrik fábrica ['fabrika]
fahren ir [ir]; *(lenken)* conduzir [kondu'sir], dirigir [diri'schir]
Fahrer o condutor [kondu'tor], o motorista [moto'rista]
Fahrgast passageiro [paßa'scheiro]
Fahrstuhl o elevador [elewa'dor]
Fahrt a viagem [wi'ascheing]
fair correto [ko'heto], leal [le'au]
fallen cair [ka'ir]
falls no caso de [no 'kaso di], se [si]
falsch falso ['fauso], errado [e'hado]
Familie família [fa'milia]
fangen apanhar [apan'jar]
fast quase ['kwasi]
faul preguiçoso [pregi'soso]; *(Obst)* podre ['podri], estragado [estra'gado]
fehlen faltar [fau'tar]
Fehler *(den man macht)* erro ['eho], falta ['fauta]; *(den man hat)* defeito [de'feito]
feilschen regatear [regate'ar]
fein *(dünn)* fino ['fino], delgado [del'gado]
Feld campo ['kampo]
Fell a pele ['peli]
Fels rocha ['roscha], rochedo [ro'schedo]
Ferien as férias ['ferias]
fertig *(bereit, vollständig)* pronto ['pronto]

fest *(hart)* sólido ['solido]; *(dauernd)* constante [kon'stantschi], estável [es'taweo]
Fest festa ['festa]
fett gordo ['gordo]
feucht úmido ['umido]
Feuer fogo ['fogo]
feuergefährlich inflamável [infla'maweo]
Feuerlöscher extintor de incêndios [estin'tor di in'sändios]
Feuermelder o alarme de incêndio [a'larme di in'sändio]
Feuerwehr bombeiros [bom'beiros]
finden achar [a'schar], encontrar [enkon'trar]
Firma firma ['firma], empresa [em'presa]
Fisch o peixe ['peischi]
fit em boa condição física ['eing 'boa kondi'sau 'fisika]
flach plano ['plano], raso ['raso]
Flasche garrafa [ga'hafa]
Fleck mancha ['manscha]
flicken remendar [remen'dar], consertar [konser'tar]
Fliege mosca ['moska]
fliegen voar [wo'ar]; *(mit dem Flugzeug)* ir de avião [ir di awi'au]
fließen correr [ko'her]
Fluss rio ['rio]
flüssig líquido ['likido]
folgen seguir [se'gir]
Form forma ['forma]
Formular impresso [im'preßo]
fort ausente [au'seintschi]
fotografieren fotografar [fotogra'far], tirar foto [ti'rar 'foto]
Frage pergunta [per'gunta]
fragen perguntar [pergun'tar]
Frankreich França ['fransa]
Franzose o francês [fran'ses]
Französin a francesa [fran'sesa]
französisch francês [fran'ses]
Frau a mulher [mul'jer]; *(Anrede)* Senhora D. [sen'jora 'dona]
Fräulein menina [me'nina], senhora [sen'jora], senhorita [senjo'rita]
frei livre ['liwri]
fremd *(ausländisch)* estrangeiro [estran'scheiro]
Fremde, der/die ~ forasteiro/forasteira [foras'teiro/foras'teira], estrangeiro/estrangeira [estran'scheiro/estran'scheira]
Freude alegria [ale'gria]
freuen, s. ~ über alegrar-se com [ale'grar-si kon], ficar satisfeito com [fi'kar satis'feito kon]; **s. freuen auf** estar desejando [estar dese'schando], ter muito prazer em [ter 'muito praser 'eing]
Freund/in amigo/amiga [a'migo/a'miga]
freundlich amável [a'maweo], cordial [kordi'au]
frieren ter frio [ter 'frio], estar gelado [es'tar sche'lado], gelar [sche'lar]
frisch fresco ['fresko]; *(neu)* novo ['nowo], recente [re'seintschi]
froh *(glücklich)* feliz [fe'lis]
früh cedo ['sedo]
frühstücken tomar o café da manhã [to'mar o ka'fä da man'ja]
fühlen sentir [sen'tschir]
führen conduzir [kondu'sir], guiar [gi'ar]
Führer/in *(für Fremde)* o/a guia ['gia]
füllen encher [en'scher]
Fundbüro a seção de perdidos e achados [se'sau di per'didos i a'schados]
funktionieren funcionar [funsio'nar]

für para ['para], por [por]
fürchten temer [te'mer], recear [rese'ar]; **s. fürchten vor** ter medo de [ter 'medo di]
fürchterlich terrível [te'hiweo], horrível [ho'hiweo]
Fußgänger o pedestre [pe'destri]

G

ganz *adj* todo ['todo]; *(vollständig)* completo [kom'pläto], inteiro [in'teiro]; *adv* completamente [kompläta'meintschi], inteiramente [inteira'meintschi]
Garantie garantia [garan'tia]
Garten o jardim [schar'ding]
Gast o hóspede ['hospedschi], convidado [konwi'dado]
Gastfreundschaft a hospitalidade [hospitali'dadschi]
Gastgeber/in dono/dona da casa ['dono/'dona da 'kasa]
Gebäude edifício [edi'fisio]
geben dar [dar]
geboren nascido [na'sido]
gebräuchlich usual [usu'au], vulgar [wul'gar]
Gebühren taxas ['taschas]
Geburtstag aniversário [aniwer'sario]
Geduld paciência [pasi'änsia]
Gefahr perigo [pe'rigo]
gefährlich perigoso [peri'goso]
gefallen agradar [agra'dar]
Gefälligkeit o favor [fa'wor]
Gefühl sentimento [senti'mento]
gegen *(wider)* contra ['kontra]; *(in Richtung auf, zeitlich)* para ['para], a [a]
Gegend a região [reschi'au]
Gegenstand *(Gesprächs~)* assunto [a'ßunto]; *(Ding)* objeto [ob'scheto]
Gegenteil contrário [kon'trario]; **im** ~ pelo contrário ['pelo kon'trario]
gegenüber em frente de ['eing 'freintschi di]
geheim secreto [se'kreto]
gehen ir [ir]; *(zu Fuß)* ir a pé [ir a pä]
gehören ser de [ser di], pertencer a [perten'ser a]
Gelände terreno [te'heno]
Geld dinheiro [dschin'jeiro]
Gelegenheit a ocasião [okasi'au], a oportunidade [oportuni'dadschi]
gelegentlich *adv* acidentalmente [asidentau'meintschi], ocasionalmente [okasionau'meintschi]
gelten valer [wa'ler], ser válido [ser 'walido]
gemeinsam *adj* comum [ko'mun]; *adv* em comum ['eing ko'mun], juntos ['schuntos]
gemischt misturado [mistu'rado], misto ['misto]
genau exato [e'sato], preciso [pre'siso]; **genauso ... wie** tão ... como [tau ... 'komo]
genehmigen autorizar [autori'sar], permitir [permi'tschir]
genießen gozar [go'sar]
genug bastante [bas'tantschi], suficiente [sufisi'eintschi]
geöffnet aberto [a'berto]
gerade *adj* direito [di'reito]; *(zeitlich)* justamente [schusta'meintschi], exatamente [esata'meintschi]
Geräusch ruído [ru'ido], barulho [ba'ruljo]
Gericht *(Essen)* prato ['prato]; *(Justiz)* o tribunal [tribu'nau]
gern de bom grado [di bong 'grado], com muito gosto [kon

'muito 'gosto]; **nicht gern** contra vontade ['kontra won'tadschi]
Geruch cheiro ['scheiro]
Gesang canto ['kanto]
geschehen acontecer [akonte'ser], suceder [suse'der]
Geschenk o presente [pre'seintschi]
Geschichte história [his'toria]
geschlossen fechado [fe'schado]
Geschmack gosto ['gosto]
Geschwindigkeit a velocidade [welosi'dadschi]
Gespräch conversa [kon'wersa]
gesund saudável [sau'daweo]
Gewicht peso ['peso]
Gewinn ganho ['ganjo], lucro ['lukro]
gewöhnlich *(üblich)* habitual [abitu'au], corrente [ko'heintschi]
gewohnt sein estar habituado [es'tar abitu'ado]
gibt, es ~ há [a]
Gift veneno [we'neno]
giftig venenoso [wene'noso]
Glaube a fé ['fä], crença ['krensa]
glauben crer [krer], acreditar [akredi'tar]
gleich *adj* igual [ig'wau]; *(sofort)* já [scha], imediatamente [imediata'meintschi]
gleichen parecer-se com [pare'ser-si kon]
gleichzeitig *adv* ao mesmo tempo ['ao 'mesmo 'tempo]
Glück a felicidade [felisi'dadschi]
glücklich feliz [fe'lis]
Glückwunsch os parabéns [para'beins], as felicitações [felisita'sois]
Gott Deus ['deus]
gratis grátis ['gratis], de graça [di 'grasa]
gratulieren felicitar [felisi'tar]
Grenze fronteira [fron'teira]
groß grande ['grandschi]
Größe *(Ausdehnung)* a extensão [esten'sau]; *(Kleidung)* tamanho [ta'manjo]; *(Schuhe)* número ['numero]
Großmutter a avó [a'wo]
Großvater o avô [a'woh]
Grund a razão [ra'sau], causa ['kausa]; *(Beweggrund)* motivo [mo'tiwo]
Gruppe grupo ['grupo]
grüßen cumprimentar [kumprimen'tar]
gültig válido ['walido]
gut *adj* bom [bong]; *adv* bem [beng]
Gutschein o vale ['wali]

H

haben ter [ter]
Haken gancho ['ganscho]
halb meio ['meio]
Hälfte a metade [me'tadschi]
halt! Pare! ['pari]
haltbar duradouro [dura'douro], resistente [resis'teintschi]
halten *(fest~)* segurar [segu'rar], cumprir [kum'prir]; *(dauern)* durar [du'rar]; *(stehen bleiben)* parar [pa'rar]
handgemacht feito à mão ['feito a mau]
hart duro ['duro]
hässlich feio ['feio]
häufig *adv* frequentemente [frekwente'meintschi], muitas vezes ['muitas 'weses]
hauptsächlich *adj* principal [prinsi'pau]; *adv* principalmente [prinsipau'meintschi]
Hauptstadt a capital [kapi'tau]
Haus casa ['kasa]

heben levantar [lewan'tar]
heilig santo ['santo], sagrado [sa'grado]
Heimat pátria ['patria], terra natal ['teha na'tau]
heimlich secreto [se'kreto]; *adv* em segredo ['eing se'gredo]
Heimreise regresso [re'greßo]
heiraten casar(-se) [ka'sar(-si)]
heiß quente ['keintschi]
heißen chamar [scha'mar], chamar-se [scha'mar-si], significar [signifi'kar]
heizen esquentar [esken'tar]
helfen, jdm ~ ajudar alg [aschu'dar au'gein]
hell claro ['klaro]
herausgeben *(Geld)* dar troco [dar 'troko]
herein! entre! ['entre]
hereinkommen entrar [en'trar]
Herr senhor [sen'jor]
herrlich magnífico [ma'gnifiko], esplêndido [es'pländido]
Herz o coração [kora'sau]
herzlich cordial [kordi'au]
hier aqui [a'ki]
Hilfe ajuda [a'schuda]; **erste Hilfe** os primeiros socorros [pri'meiros so'kohos]
Himmel o céu ['säu]
hinausgehen sair [sa'ir]
hindern impedir [impe'dschir]
hineingehen entrar [en'trar]
hinlegen pôr [por]; **s. ~** deitar-se [dei'tar-si]
hinten atrás [a'tras]
hinter atrás de [a'tras di]
hinterlegen depositar [deposi'tar]
hinzufügen acrescentar [akresen'tar]
hoch alto ['auto]
höchstens quando muito ['kwando 'muito], no máximo [no 'masimo]
Hochzeit *(Feier)* casamento [kasa'mento]
Hof pátio ['patio]
hoffen esperar [espe'rar]
höflich cortês [kor'täs], delicado [deli'kado]
Höhe altura [au'tura]
Höhepunkt ponto culminante ['ponto kulmi'nantschi], o auge [au'sche]
holen ir buscar [ir bus'kar]
Holz madeira [ma'deira]
hören ouvir [ou'wir]
hübsch bonito [bo'nito], lindo ['lindo]
Hügel colina [ko'lina]
Hund cachorro [ka'schoho]
hungrig sein ter fome [ter 'fomi]
Hütte cabana [ka'bana]

I

ich eu ['eu]
Idee idéia [i'deia]
ihr (1) *pers prn* vocês [wo'ses]
ihr (2) *poss prn f sing* seu ['seu], sua ['sua], dela ['dela]; *pl* deles ['deles], delas ['delas]
Imbiss o lanche ['lanschi]
immer sempre ['sempri]
in em ['eing]
inbegriffen incluído [inklu'ido]
informieren informar [infor'mar]
Inhalt conteúdo [konte'udo]
innen dentro ['dentro]
Insekt inseto [in'seto]
Insel ilha ['ilja]
interessant interessante [intere'ßantschi]

interesssieren, s. ~ (für) interessar-se (por) [intere'ßar-si (por)]
international internacional [internasio'nau]
Irrtum erro ['eho]

J

Jahr ano ['ano]
Jahreszeit a estação do ano [esta'sau do 'ano]
jährlich *adj* anual [anu'au]; *adv* por ano [por 'ano], anualmente [anu-au'meintschi]
jeder *adj* cada ['kada]; *prn* cada um ['kada um]
jemand alguém [au'gein]
jene(r, s) aquele [a'keli], aquela [a'kela], aqueles [a'keles], aquelas [a'kelas]
jetzt agora [a'gora]
jung jovem ['schowen], novo ['nowo]
Junge o rapaz [ra'pas]
Junggeselle solteiro [sol'teiro]

K

kalt frio ['frio]
Kanal esgoto [es'goto]
kaputt estragado [estra'gado], partido [par'tido], quebrado [ke'brado]
Kasse caixa ['kaischa]; *(Theater~)* bilheteira [biljete'ria]
Katze gata ['gata]
kaufen comprar [kom'prar]
kaum mal [mau]
Kaution a caução [kau'sau], fiança [fi'ansa]
kein nenhum [nen'jum]
keine(r) ninguém [nin'gein]
kennen conhecer [konje'ser]
kennen lernen conhecer [konje'ser]
Kind criança [kri'ansa]
Kiste caixa ['kaischa]
klar claro ['klaro]
Klasse a classe ['klaßi]
Kleidung vestuário [westu'ario], roupa ['roupa]
klein pequeno [pe'keno]
Klima o clima ['klima]
Klingel campainha [kampa'inja]
klug esperto [es'perto], inteligente [inteli'scheintschi]
kochen *(Essen zubereiten)* cozinhar [kosin'jar]
Koffer mala ['mala]
Kollege o colega [ko'lega]
kommen vir [wir]
Kompass bússola ['bußola]
können poder [po'der]; *(gelernt haben)* saber [sa'ber]
Konsulat consulado [konsu'lado]
Kontakt contato [kon'tato]
kontrollieren controlar [kontro'lar], verificar [werifi'kar]
Korb cesto ['sesto]
Körper corpo ['korpo]
kosten custar [kus'tar]
kostenlos grátis ['gratis], gratuito [gratu'ito]
Kraft força ['forsa]
krank doente [do'eintschi]
Krankenwagen ambulância [ambu'lansia]
kreativ criador [kria'dor], criativo [kria'tiwo]
kritisieren criticar [kriti'kar]
Küche cozinha [ko'sinja]
kühl fresco ['fresko]
Kultur cultura [kul'tura]
Kummer desgosto [des'gosto], mágoa ['magoa]

kümmern, s. ~ um ocupar-se de [oku'par-si di], cuidar de [kui'dar di]
Kunde o freguês [fre'gäs], o cliente [kli'eintschi]
kurz *(räumlich)* curto ['kurto]
kurzfristig a curto prazo [a 'kurto 'praso]
Kuss beijo ['beischo]
küssen beijar [bei'schar]
Küste costa ['kosta]

L

lachen rir [rir]
lächerlich ridículo [ri'dikulo]
Lage a situação [situa'sau]
Lampe candeeiro [kande'eiro]
Land o país [pa'is]; *(Gegensatz zu Wasser)* terra ['teha]
Landgut fazenda [fa'senda]
Landsmann o compatriota [kompatri'ota]
lang comprido [kom'prido]
Länge comprimento [kompri'mento]
langsam *adj* lento ['lento]; *adv* devagar [dewa'gar]
langweilig aborrecido [abohe'sido]
Lärm ruído [ru'ido], barulho [ba'rulho]
lassen *(zulassen)* deixar [dei'schar]
lästig importuno [impor'tuno]
laufen correr [ko'her]
laut alto ['auto]
läuten tocar [to'kar]
Leben vida ['wida]
leben viver [wi'wer]
lebhaft vivo ['wiwo]
leer vazio ['wasio]
legen pôr [por]
lehren ensinar [ensi'nar]
leicht *(einfach)* fácil ['fasiu]; *(Gewicht)* leve ['läwi]
leider infelizmente [infelis'meintschi]
leihen *(ver~)* emprestar [empres'tar]; *(ent~)* pedir emprestado [pe'dschir empres'tado]
leise baixo ['baischo]
Leiter/in diretor/diretora [dire'tor/dire'tora]
lernen aprender [apren'der], estudar [estu'dar]
lesen ler [ler]
letzte(r, s) último ['ultschimo]
Leute a gente [a 'scheintschi]
Licht a luz [lus]
lieb caro ['karo]
Liebe amor [a'mor]
lieben amar [a'mar], gostar de [gos'tar di]
liebenswürdig amável [a'maweo]
lieber antes ['antes]; **lieber haben** preferir [prefe'rir], gostar mais de [gos'tar mais di]
Liebling querido/querida [ke'rido/ke'rida]
Lied a canção [kan'sau]
liegen *(s. befinden)* ficar [fi'kar], encontrar-se [enkon'trar-si]
Linie linha ['linja]
linke(r, s) esquerdo [es'kerdo]
links à esquerda [a es'kerda]
loben louvar [lou'war], elogiar [eloschi'ar]
Loch buraco [bu'rako], furo ['furo]
lösen soltar [sol'tar]
Luft o ar [ar]
Luftzug a corrente de ar [ko'heintschi di ar]
Lüge mentira [men'tira]
Lust o prazer [pra'ser], a vontade [won'tadschi]
lustig alegre [a'legri]

luxuriös luxuoso [luschu'oso]

M

machen *(herstellen)* fazer [fa'ser]
Mädchen moça ['mosa]
mager magro ['magro]
Mahlzeit a refeição [refei'sau]
malen pintar [pin'tar]
man se [si], a gente [a 'scheintschi]
Mann o homem ['omen]
männlich masculino [masku'lino]
Mannschaft *(Sport)* a equipe [e'kipi], o time ['timi]; *(Schiff)* a tripulação [tripula'sau]
Maschine máquina ['makina]
Material o material [materi'au]
Meer o mar [mar]
mehr mais [mais]; **mehr als** mais (do) que [mais (do) ke]
mein(e) meu ['meu], minha ['minja]
meinen pensar [pen'sar], achar [a'schar], opinar [opi'nar], afirmar [afir'mar]
meinetwegen por mim [por ming]
Meinung a opinião [opini'au]
melden anunciar [anunsi'ar]; *(berichten)* informar [infor'mar], participar [partisi'par]
Menge a quantidade [kwanti'dadschi]; **eine ~** grande número de ['grandschi 'numero di]
Mensch o homem ['omen], pessoa [pe'ßoa]
merken notar [no'tar]; **s. etw merken** tomar nota de alguma coisa [to'mar 'nota di au'guma 'koisa]
Messe *(rel)* missa ['mißa]
mich me [mi], mim [ming]
mieten alugar [alu'gar]
mild suave [su'awi], ameno [a'meno]
mindestens pelo menos ['pelo 'menos]
Minute minuto [mi'nuto]
mir me [mi], mim [ming]
misstrauen desconfiar de ['deskonfi'ar di]
Missverständnis equívoco [e'kiwoko], mal-entendido [mau-enten'dido]
mit com [kon]
mitbringen trazer [tra'ser]
Mitleid pena ['pena]
mitnehmen levar [le'war]
Mittag o meio-dia ['meio-'dschia]
Mitte meio ['meio]
Mitteilung a comunicação [komunika'sau], a participação [partisipa'sau]
Mittel meio ['meio]; *(Heilmittel)* remédio [re'mädio]
Möbel o móvel ['moweo]
Mode moda ['moda]
modern moderno [mo'derno]
mögen *(gern haben)* gostar de [gos'tar di]; *(wünschen)* querer [ke'rer], desejar [dese'schar]
möglich possível [po'ßiweo]
Möglichkeit a possibilidade [poßibili'dadschi]
Mole o molhe ['molji]
Monat o mês [mes]
monatlich *adj* mensal [men'sau]; *adv* por mês [por mes], mensalmente [mensau'meintschi]
Mond lua ['lua]
Morgen amanhã [aman'ja]
Möwe gaivota [gai'wota]
Mücke mosquito [mos'kito]
müde cansado [kan'sado], fatigado [fati'gado]
Mühe esforço [es'forso]; **s. Mühe geben** esforçar-se [esfor'sar-si]

Müll lixo ['lischo]
Mülltonne depósito de lixo [de'posito di 'lischo]
Mündung a foz [fos]
Musik música ['musika]
müssen ter de [ter di], dever [de'wer]
Mutter a mãe [mai]

N

nach *(zeitlich)* depois de [de'pois di]; **nach Brasilien** a/para o Brasil [a/'para o bra'siu]
Nachbar/in vizinho/vizinha [wi'sinjo/wi'sinja]
Nachmittag a tarde ['tardschi]
Nachricht notícia [no'tisia]
nächste(r, s) próximo ['prosimo], seguinte [segu'intschi]
Nacht a noite [a 'noitschi]
nackt nu [nu]
nahe perto ['perto]; **nahe bei** perto de ['perto di]
nähern, s. ~ aproximar-se [aprosi'mar-si]
Name o nome ['nomi]
nass molhado [mol'jado]
Natur natureza [natu'resa]
natürlich *adj* natural [natu'rau]; *adv* naturalmente [naturau'meintschi], claro ['klaro]
neben junto de ['schunto di], ao lado de [ao 'lado di]
negativ negativo [nega'tiwo]
nehmen tomar [to'mar]
nennen nomear [nome'ar], chamar [scha'mar]
nervös nervoso [ner'woso]
nett *(hübsch)* bonito [bo'nito]; *(freundlich)* simpático [sim'patiko]
neu novo ['nowo]
neugierig curioso [kuri'oso]
Neuigkeit notícia [no'tisia], a novidade [nowi'dadschi]
nicht não [nau]; **gar nicht** de maneira enhuma [di man'eira nen'juma]; **noch nicht** ainda não [a'inda nau]
nichts nada ['nada]
nie nunca ['nunka]
nieder, niedrig baixo [bai'scho]
niemand ninguém [nin'gein]
niesen espirrar [espi'har]
nirgends em parte nenhuma ['eing 'partschi nen'juma]
noch ainda [a'inda]
Nonne freira ['freira], monja ['monja]
Norden o norte ['nortschi]
nördlich von ao norte de [ao 'nortschi di]
normal normal [nor'mau]
normalerweise normalmente [normau'meintschi]
Notfall emergência [emer'schänsia]
notwendig preciso [pre'siso], necessário [nese'ßario]
nüchtern em jejum ['eing 'scheschum]
Nummer número ['numero]
nur só [so], apenas [a'penas]

O

ob se [si]
oben em cima ['eing 'sima]
obwohl embora [eing'bora], ainda que [a'inda ke]
oder ou [ou]
offen aberto [a'berto]
öffentlich público ['publiko]
offiziell oficial [ofisi'au]
öffnen abrir [a'brir]
Öffnungszeiten horário de abertura [o'rario di aber'tura]

oft muitas vezes ['muitas 'weses], frequentemente [frekwente'meintschi]
ohne sem [seing]
Ort o lugar [lu'gar]
Ortschaft a povoação [powoa'sau]
Osten o leste ['lesti], o oriente [ori'eintschi]
Österreich Áustria ['austria]
Österreicher/in austríaco/austríaca [aus'triako/aus'triaka]
östlich von ao leste de [ao 'lesti di]

P

Paar o par [par]
paar, ein ~ alguns [au'guns], algumas [au'gumas]
Park o parque ['parki]
parken estacionar [estasio'nar]
passen *(Kleidung)* ficar bem [fi'kar beng]; *(gelegen kommen)* convir [kon'wir], vir a propósito [wir a pro'posito]
Pauschale preço total ['preso to'tau], soma global ['soma glo'bau]
Person pessoa [pe'ßoa]
Personal o pessoal [peßo'au]
persönlich pessoal [peßo'au]
Pfad atalho [a'taljo]
Pfand o penhor [pen'jor]; *(Flaschen~)* depósito [de'posito]
Pflanze planta ['planta]
pflücken colher [kol'jer]
Plakat o cartaz [kar'tas]
Plan plano ['plano]; *(Absicht)* projeto [pro'scheto]
Platz *(in der Stadt)* praça ['prasa]; *(Raum, Sitz)* o lugar [lu'gar]
plötzlich de repente [di re'peintschi]
Portugal (o) Portugal [portu'gau]
Portugiese o português [portu'gäs]
Portugiesin a portuguesa [portu'gesa]
portugiesisch português [portu'gäs]
positiv positivo [posi'tiwo]
praktisch prático ['pratiko]
Preis preço ['preso]
Priester o padre ['padri]
privat particular [partiku'lar], privado [pri'wado]
pro por [por]
Probe experiência [esperi'änsia], ensaio [en'saio]
Produkt produto [pro'duto]
Programm o programa [pro'grama]
Prospekt prospecto [pros'pekto]
protestieren protestar [protes'tar]
provisorisch provisório [prowi'sorio]
Prozent por cento [por 'sento]
prüfen examinar [esami'nar], verificar [werifi'kar]
Publikum público ['publiko]
pünktlich pontual [pontu'au]
putzen limpar [lim'par]

Q

Qualität a qualidade [kwali'dadschi]
quer durch através de [atra'weis di]
Quittung recibo [re'sibo], quitar [ki'tar]

R

Rabatt desconto [des'konto]
Radio a rádio ['radio]
Rasen grama ['grama]

Rat conselho [kon'seljo]; **jdn um ~ fragen** pedir conselho a alg [pe'dschir kon'seljo a au'gein]
raten *(Rat erteilen)* aconselhar [akonsel'jar]
rauchen fumar [fu'mar]
Raum espaço [e'spaso]; *(Zimmer)* quarto ['kwarto], o fumante [fu'mantschi]
Rechnung fatura [fa'tura]; *(im Restaurant)* conta ['konta]
Recht direito [di'reito]; **Recht haben** ter razão [ter ra'sau]
rechte(r, s) *adj* direito [di'reito]
rechts à direita [a di'reita]
rechtzeitig *adv* a tempo [a 'tempo]
reden falar [fa'lar]
regelmäßig *adj* regular [regu'lar]; *adv* regularmente [regular'meintschi]
regeln regular [regu'lar]
Regierung governo [go'werno]
reich rico ['riko]
reichen *(aus~)* bastar [bas'tar], chegar [sche'gar]; *(geben)* passar [pa'ßar]
reif maduro [ma'duro]
reinigen limpar [lim'par]
Reise a viagem [wi'ascheing]
Reiseführer o guia ['gia]
Reisegesellschaft grupo de turistas ['grupo di tu'ristas]
reisen viajar [wia'schar]
Reisende, der/die ~ o/a viajante [wia'schantschi]
reißen *(kaputtgehen)* rasgar [ras'gar], partir [par'tschir]
reklamieren reclamar [rekla'mar]
rennen correr [ko'her]
reparieren reparar [repa'rar], consertar [konser'tar]
reservieren reservar [reser'war]
retten salvar [sau'war]
richtig *(Gegensatz zu falsch)* exato [e'sato]; *(geeignet)* próprio ['proprio]
Richtung a direção [dire'sau]
riechen cheirar [schei'rar]
Risiko risco ['risko]
Route itinerário [itine'rario]
Rückfahrt (a viagem de) regresso [(a wi'ascheing di) re'greßo]
Rückkehr volta ['wolta], regresso [re'greßo]
Rucksack mochila [mo'schila]
rücksichtslos sem respeito [seing re'speito]
rückwärts para trás [para 'tras]
rufen chamar [scha'mar]
Ruhe descanso [des'kanso], repouso [re'pouso]; *(seelisch, Stille)* calma ['kalma]
ruhig calmo ['kalmo]
rund redondo [re'dondo]

S

Saal sala ['sala]
Sache *(Ding)* coisa ['koisa]; *(Angelegenheit)* assunto [a'ßunto]
sagen dizer [di'ser]
Saison a estação [esta'sau], época ['äpoka]
sammeln reunir [reu'nir], colecionar [kolesio'nar]
satt satisfeito [satis'feito], farto ['farto]
Satz a frase ['frasi]
sauber limpo ['limpo]
schade, Wie ~! Que pena! [ke 'pena]
Schaden prejuízo [preschu'iso], dano ['dano]
schädlich nocivo [no'siwo]
Schatten sombra ['sombra]
schätzen avaliar [awali'ar], apreciar [apresi'ar]

schauen ver [wer], olhar [ol'jar]
Schaufenster vitrina [wi'trina]
schenken oferecer [ofere'ser]
schicken mandar [man'dar], enviar [enwi'ar]
Schild placa ['plaka]
schimpfen ralhar [ral'jar], insultar [insu'tar]
schlafen dormir [dor'mir]
schlagen bater [ba'ter]
Schlamm lama ['lama]
Schlange a serpente [ser'pentschi]; **Schlange stehen** fazer fila [fa'ser 'fila]
schlank delgado [del'gado], elegante [ele'gantschi]
schlau esperto [es'perto]
schlecht *adj* mau [mau]; *adv* mal [mau]
schließen fechar [fe'schar]
schlimm mau [mau]
Schloss *(Burg)* castelo [kas'telo]; *(Palast)* palácio [pa'lasio]; *(Tür)* fechadura [fescha'dura], fecho ['fescho]
schmal estreito [es'treito]
schmecken saber [sa'ber]
schmerzen doer [do'er]
schmuggeln fazer contrabando [fa'ser kontra'bando]
Schmutz a sujeira [su'scheira]
schmutzig sujo ['suscho]
schnarchen roncar [ron'kar]
schneiden cortar [kor'tar]
schnell *adj* rápido ['rapido]; *adv* depressa [de'preßa], rapidamente [rapida'meintschi]
schon já [scha]
schön belo ['belo], lindo ['lindo], bonito [bo'nito]
schrecklich terrível [te'hiweo], horrível [o'hiweo]
schreiben escrever [eskre'wer]
schreien gritar [gri'tar]
Schrift *(Hand~)* escrita [es'krita]
schriftlich por escrito [por es'krito]
schüchtern tímido ['timido]
Schuld culpa ['kulpa]; *(Geld)* dívida ['diwida]
schulden dever [de'wer]
Schule escola [es'kola]
schwach fraco ['frako]
Schwager cunhado [kun'jado]
Schwägerin cunhada [kun'jada]
schweigen calar-se [ka'lar-si], ficar calado [fi'kar ka'lado]
Schweiz Suíça ['swißa]
Schweizer/in suíço/suíça ['swißo/'swißa]
schwer *(Gewicht)* pesado [pe'sado]; *(schwierig)* difícil [di'fisiu]
Schwester a irmã [ir'ma]
schwierig difícil [di'fisiu]
schwimmen nadar [na'dar]
Schwindler embusteiro [embus'teiro], mentiroso [menti'roso]
schwindlig com vertigens [kon wer'tischeings]
schwitzen suar [su'ar]
See *m (Binnengewässer)* lago ['lago]
sehen ver [wer]
sehr muito ['muito]
Seil corda ['korda], cabo ['kabo]
sein (1) *verb* ser [ser], estar [es'tar]
sein (2) *poss prn* seu ['seu], sua ['sua]
seit desde (que) ['deisdi (ke)]
Seite lado ['lado]
Sekunde segundo [se'gundo]
selbst mesmo ['mesmo], próprio ['proprio]

Selbstbedienung auto-serviço [auto-ser'wiso], o self-service [self-'serwis]
selten *adj* raro ['raro]; *adv* raras vezes ['raras 'weses], raramente [rara'meintschi]
Sendung *(Radio, Fernsehen)* a transmissão [transmi'ßau]
servieren servir [ser'wir]
setzen pôr [por]; **s. setzen** sentar-se [sen'tar-si]
Sex sexo ['sexo]
sicher *adj* seguro [se'guro], certo ['serto]; *adv* certamente [serta'meintschi], com certeza [kon ser'tesa]
Sicherheit segurança [segu'ransa]; *(Garantie)* garantia [garan'tia]
Sicherung *(el)* o fusível [fu'siweo]
Sicht vista ['wista]
sie *pers prn sing* ela ['ela]; *pl* eles ['eles], elas ['elas]
Sie *pers prn sing* você [wo'se], o senhor/a senhora [o sen'jor/a sen'jora]; *pl* vocês [wo'ses], os senhores/as senhoras [os sen'jores/as sen'joras]
Signal o sinal [si'nau]
singen cantar [kan'tar]
Sinn sentido [sen'tido]
Sitz o lugar [lu'gar], assento [a'ßento], a sede ['sedschi]
sitzen estar sentado [es'tar sen'tado]
Skorpion escorpião [eskorpi'au]
so assim [a'ßing]
sofort imediatamente [imediata'meintschi]
Sohn filho ['filjo]
sollen dever [de'wer]
Sonder... especial [espesi'au]
sorgen, s. ~ um preocupar-se com [preoku'par-si kon]
Sorte a espécie [e'spesie]
Spanien Espanha [e'spanja]
Spanier/in o espanhol/a espanhola [espani'ol/espani'ola]
spanisch espanhol [espani'ol]
Spaß *(Scherz)* gracejo [gra'sescho], brincadeira [brinka'deira]; *(Vergnügen)* o prazer [pra'ser]
spät tarde ['tardschi]
spazieren gehen passear [paße'ar]
Spaziergang passeio [pa'ßeio]
speziell especial [espesi'au]
spielen jogar [scho'gar], brincar [brin'kar]
Spitze ponta ['ponta]; *(Gewebe)* renda ['renda]
Sport esporte [e'sportschi]
Sprache língua ['lingua]
sprechen falar [fa'lar]
springen saltar [sau'tar]
Staat Estado [e'stado]
Stadt a cidade [si'dadschi]
Stadtplan planta da cidade ['planta da si'dadschi]
stammen aus ser natural de [ser natu'rau di]
stark forte ['fortschi]
statt em vez de ['eing wes di], em lugar de ['eing lu'gar di]
stattfinden realizar-se [reali'ßar-si]
Staub o pó [po]
stechen picar [pi'kar]
Steg pequena ponte [pe'kena 'pontschi], prancha ['pranscha]
stehen estar [es'tar], estar em pé [es'tar 'eing 'pä]; **stehen bleiben** *(anhalten)* parar [pa'rar], ficar parado [fi'kar pa'rado]
stehlen roubar [rou'bar]
steil íngreme ['ingremi], escarpado [eskar'pado]
Stein pedra ['pädra]
steinig pedregoso [pädre'schoso]

Stelle *(Ort)* o lugar [lu'gar], sítio ['sitschio]
stellen pôr [por], colocar [kolo'kar]
Stempel carimbo [ka'rimbo]
sterben morrer [mo'her]
Stern estrela [es'trela]
still quieto [ki'eto], sossegado [soße'gado], tranquilo [tran'kwilo]
Stimme a voz [wos]
stimmen afinar [afi'nar], estar certo [es'tar 'serto]
stinken cheirar mal [schei'rar mau], feder [fe'der]
Stock(werk) o andar [an'dar]
Stoff tecido [te'sido], fazenda [fa'senda]
stören estorvar [estor'war], incomodar [inkomo'dar]
stornieren *(Zimmer)* cancelar a reserva [kanse'lar a re'serwa]; *(Fahr-, Flugkarten)* cancelar [kanse'lar]
Stoß *(Schubs)* o golpe ['golpi]
Strafe castigo [kas'tigo], pena ['pena]; *(Geldstrafe)* multa ['multa]
Strand praia ['praia]
Straße rua ['rua]; *(Land~)* estrada [es'trada]
Strauß *(Blumen)* ramo ['ramo]
Strecke trajeto [tra'scheto]
Streichholz fósforo ['fosforo]
Streit conflito [kon'flito], disputa [dis'puta]
Strom *(Fluss)* rio ['rio]; *(el)* a corrente [ko'heintschi]
Strömung a corrente [ko'heintschi]
Stück peça ['päsa], pedaço [pä'daso]; **ein Stück Brot** um pedaço de pão [pä'daso di pau]
studieren estudar [estu'dar]
Stuhl cadeira [ka'deira]
Stunde hora ['ora]; **eine halbe Stunde** meia hora ['meia 'ora]; **eine Viertelstunde** um quarto de hora [um 'kwarto di 'ora]
stürzen *(fallen)* cair [ka'ir]
suchen procurar [proku'rar]
Süden o sul [sul]
südlich von ao sul de [ao sul di]
Summe soma ['soma], quantia [kwan'tia]
süß doce ['dosi]
sympathisch simpático [sim'patiko]

T

Tabak tabaco [ta'bako]
Tag o dia ['dschia]
tanken abastecer [abaste'ser]
Tanz dança ['dansa], baile ['baili]
Tasche bolso ['bolso]; *(Hand~)* bolsa ['bolsa]
Tatsache fato ['fato]
tauschen trocar [tro'kar]
täuschen, s. ~ enganar-se [enga'nar-si]
Teil a parte ['partschi]
teilen dividir [diwi'dir], partir [par'tschir]; **mit jdm teilen** repartir/compartilhar com alg [repar'tschir/kompartil'jar kon au'gein]
teilnehmen (an) participar (em) [partisi'par ('eing)], tomar parte (em) [to'mar 'partschi ('eing)]
telefonieren telefonar [telefo'nar]
Termin data ['data]
teuer caro ['karo]
tief fundo ['fundo], profundo [pro'fundo]
Tier o animal [ani'mau]
Tipp conselho [kon'seljo], a sugestão [susches'tau]
Tisch mesa ['mesa]
Tochter filha ['filja]
Tod a morte [mor'tschi]

Ton o som [som]; *(Farbe)* o tom [tom]
tot morto ['morto]
Tour a excursão [eskur'sau], volta ['wolta], passeio [pa'ßeio]
Tourist/in o/a turista [tu'rista]
Tracht o traje ['traschi]
tragen levar [le'war], trazer [tra'ser]
Traum sonho ['sonjo]
traurig triste ['tristschi]
treffen encontrar [enkon'trar]
trennen separar [separ'ar]
Treppe escada [es'kada]
treu fiel [fi'eu], leal [le'au]
trinken beber [be'ber], tomar [to'mar]
trocken seco ['seko]
trocknen secar [se'kar]
trotzdem apesar disso [ape'sar 'dißo]
trüb *(Flüssigkeit)* turvo ['turwo]
Tuch pano ['pano]; *(Kopftuch)* lenço [len'so]
tun fazer [fa'ser]
Tunnel o túnel ['tuneo]
Tür porta ['porta]
Tüte *(kleine)* cartucho [kar'tuscho]; *(größere)* saco de papel ['sako di pa'päu]
typisch típico ['tipiko]

U

üben exercitar [esersi'tar], praticar [prati'kar]
über sobre ['sobri], acima de [a'sima di], por cima de [por 'sima di]
überall por toda a parte [por 'toda a 'partschi]
Übergang a passagem [pa'ßascheing]
überholen ultrapassar [ultrapa'ßar]
übernachten pernoitar [pernoi'tar]
überqueren atravessar [atrawe'ßar]
überrascht surpreendido [surpre-en'dido]
überreden persuadir [persua'dir]
Übersee o ultramar [ultra'mar]
übersetzen traduzir [tradu'sir]
übertrieben exagerado [esascher'ado]
überzeugen convencer [konwen'ser]
üblich normal [nor'mau], habitual [habitu'au]
übrig bleiben ficar [fi'kar], sobrar [so'brar]
Übung exercício [eser'sisio], prática ['pratika]
Ufer *(Fluss)* a margem ['marscheing]; *(Meer)* costa ['kosta]
um *(herum)* em/à volta de ['eing/a 'wolta di]; *(Zeitangabe)* à/às [a/as]; *(gegen)* pela/pelas ['pela/'pelas]
umarmen abraçar [abra'sar]
umgekehrt *adj* inverso [in'werso]
umkehren voltar para trás [wol'tar para 'tras]
Umrechnung câmbio ['kambio]
umsonst *(gratis)* grátis ['gratis], de graça [di 'grasa]; *(vergebens)* em vão ['eing wau]
umtauschen trocar [tro'kar]
Umweg desvio [des'wio], rodeio [ro'deio]
Umwelt o (meio) ambiente [('meio) ambi'eintschi]
umziehen, s. ~ mudar de roupa [mu'dar di 'roupa]
unangenehm desagradável [desagra'daweo]

unanständig indecente [inde'seintschi]
unbedingt *adv* absolutamente [absoluta'meintschi]
und e [i]
unentschlossen indeciso [inde'siso]
unerfreulich desagradável [desagra'daweo]
unerträglich insuportável [insupor'taweo]
Unfall o acidente [asi'deintschi], o desastre [de'sastri]
ungeeignet inadequado [inade'kwado], impróprio [im'proprio]
ungefähr aproximadamente [aprosimada'meintschi]
ungewöhnlich invulgar [inwul'gar]
unglaublich incrível [in'kriweo]
Unglück desgraça [des'grasa], a infelicidade [infelisi'dadschi]
Universität a universidade [uniwersi'dadschi]
Unkosten as despesas [des'pesas]
unmöglich impossível [impo'ßiweo]
uns nos [nos]
unschuldig inocente [ino'seintschi]
unser, unsere nosso ['noßo], nossa ['noßa]
unten em baixo ['eing 'baischo]
unter debaixo de [di'baischo di], sob [sob]; *(zwischen)* entre ['entrl]
unterbrechen interromper [interhom'per]
Unterführung a passagem subterrânea [pa'ßascheing subte'hanea]
unterhalb por baixo de [por 'baischo di], abaixo de [a'baischo di]
unterhalten, s. ~ conversar [konwer'sar]
Unterhaltung *(Gespräch)* conversa [kon'wersa]; *(Vergnügen)* divertimento [diwerti'mento]
Unterkunft alojamento [aloscha'mento]
unterrichten *(informieren)* informar [infor'mar]; *(Schule)* ensinar [ensi'nar]
Unterschied diferença [dife'rensa]
unterschreiben assinar [aßi'nar]
Unterschrift assinatura [aßina'tura]
untersuchen examinar [esami'nar], investigar [inwesti'gar], analisar [anali'sar]
unterwegs no/a caminho [no/na ka'minjo]
unverbindlich sem compromisso [seing kompro'mißo]
unverschämt descarado [deska'rado]
unwahrscheinlich improvável [impro'waweo]
unwichtig insignificante [insignifi'kantschi], sem importância [seing impor'tansia]
Urlaub as férias ['ferias], licença [li'sensa]
Urwald selva ['selwa], floresta virgem [flo'resta 'wirscheing]

V

Vater o pai ['pai]
Verabredung encontro [en'kontro]
verabschieden, s. ~ despedir-se [despe'dschir-si]
Veränderung mudança [mu'dansa]
Veranstaltung a manifestação [manifesta'sau]
verantwortlich responsável [respon'saweo]

verbessern melhorar [meljo'rar], aperfeiçoar [aperfeiso'ar]
verbieten proibir [proi'bir]
Verbindung a relação [rela'sau]; *(Zug, tele)* a ligação [liga'sau]
Verbot a proibição [proibi'sau]
verboten proibido [proi'bido]
Verbrauch consumo [kon'sumo]
verbrennen queimar [kei'mar]
verbringen *(Zeit)* passar [pa'ßar]
verdorben estragado [estra'gado]; *(faul)* podre ['podri]; *(sittlich)* corrupto [ko'hupto]
Verein a associação [aßosia'sau]
vereinbaren combinar [kombi'nar]
Vergangenheit passado [pa'ßado]
vergehen *(Zeit)* passar [pa'ßar]
vergessen esquecer-se (de) [eske'ser-si (di)]
vergleichen comparar [kompa'rar]
Vergnügen o prazer [pra'ser]
verheiratet (mit) casado (com) [ka'sado (kon)]
verhindern impedir [impe'dschir]
verirren, s. ~ perder-se [per'der-si]
Verkauf venda ['wenda]
verkaufen vender [wen'der]
Verkehr trânsito ['transito]
Verkehrsamt Turismo [tu'rismo]
verlangen pedir [pe'dschir]; *(fordern)* exigir [esi'schir]
verlängern alongar [alon'gar], prolongar [prolon'gar]
verlassen deixar [dei'schar]
Verletzte, der/die ~ ferido/ferida [fe'rido/fe'rida]
verlieren perder [per'der]
Verlobte, der/die ~ noivo/noiva ['noiwo/'noiwa]
Verlust perda ['perda]
vermeiden evitar [ewi'tar]
vermieten alugar [alu'gar]
Verpackung a embalagem [emba'lascheing]
verpassen *(Zug)* perder [per'der]
Verpflegung comida [ko'mida]
verpflichtet sein ter obrigação de [ter obriga'sau di], ter o dever de [ter o de'wer di]
verrechnen, s. ~ enganar-se na conta [enga'nar-si na 'konta]
verreisen ir viajar [ir wia'schar]
verrückt doido ['doido], louco ['louko], maluco [ma'luko]
verschieben *(zeitlich)* adiar [adi'ar]
verschließen fechar à chave [fe'schar a 'schawi]
verschwinden desaparecer [desapare'ser]
Versicherung seguro [se'guro]
versorgen mit abastecer de [abaste'ser di]
verspäten, s. ~ atrasar-se [atra'sar-si]
versprechen prometer [prome'ter]
verständigen, jdn ~ informar alg [infor'mar au'gein]
verstehen entender [enten'der], compreender [kompre-en'der]
versuchen tentar [ten'tar]; *(Speisen)* provar [pro'war]
Vertrag contrato [kon'trato]
vertragen suportar [supor'tar]
Vertrauen confiança [konfi'ansa]
verunglücken ser vítima dum acidente [ser 'witima dum asi'deintschi]
verursachen causar [kau'sar]
Verwaltung a administração [administra'sau]
verwandt parente [pa'reintschi]

verwechseln confundir [konfun'dschir]
verwenden empregar [empre'gar]
Verzeichnis lista ['lista]
verzögern demorar [demo'rar]
verzweifelt desesperado [desespe'rado]
viel muito ['muito]
vielleicht talvez [tau'weis]
Villa vila ['wila]
Vogel *(großer)* a ave ['awi]; *(kleiner)* pássaro ['paßaro]
Volk povo ['powo]
voll cheio ['scheio]; *(~ besetzt)* completo [kom'pläto]; *(ganz)* total [to'tau]
Vollmacht a procuração [prokura'sau]
Volt volt [wolt], vóltio ['woltio]
von de [di]; *(Passiv)* por [por]
vor *(räumlich)* diante de [di'antschi di]; *(zeitlich)* antes de ['antes di]; *(in der Vergangenheit)* há ['a]
Voraus, im ~ de antemão [di ante'mau]
vorbereiten preparar [prepa'rar]
Vorfahrt prioridade [priori'dadschi]
vorher antes ['antes]
vorletzte(r, s) penúltimo [pen'ultschimo]
Vormittag a manhã [man'ja]
vorn à frente [a 'freintschi]
vornehm distinto [dis'tinto]
Vorort os subúrbios [sub'urbios], periferia [perife'ria]
Vorrat a provisão [prowi'sau]
Vorschlag proposta [pro'posta]
Vorschrift a prescrição [preskri'sau]
vorsichtig cuidadoso [kuida'doso], prudente [pru'deintschi]
vorstellen apresentar [apresen'tar]
Vorstellung a apresentação [apresenta'sau]; *(Theater)* a representação [representa'sau]
Vorteil a vantagem [wan'tascheing]
vorüber passado [pa'ßado]
vorwärts avante [a'wantschi]
vorziehen preferir [prefe'rir]

W

wach acordado [akor'dado]
wachsen crescer [kre'ser]
wagen ousar [ou'sar], atrever-se a [atre'wer-si a]
wählen escolher [eskol'jer]; *(Politik)* eleger [ele'scher], votar [wo'tar]; *(tele)* marcar [mar'kar]
wahr verdadeiro [werda'deiro]
während *prp* durante [du'rantschi]
wahrscheinlich provável [pro'waweo]
Wand a parede [pa'redschi]
wandern caminhar [kamin'jar], andar a pé [an'dar a pä]
warm quente ['keintschi]
warnen (vor) avisar (de) [awi'sar (di)]
warten esperar [espe'rar]
was que [ke], o que [o'ke]
waschen lavar [la'war]
Wasser água ['agwa]
Watt watt [watt], vátio ['watio]
Wechsel *(Veränderung)* mudança [mu'dansa]; *(Austausch)* troca ['troka]
Wechselgeld dinheiro miúdo [dschin'jeiro mi'udo]
wecken acordar [akor'dar], despertar [desper'tar]
Weg caminho [ka'minjo]
weg fora ['fora], ausente [au'seintschi]
wegen por causa de [por 'kausa di]

weggehen ir-se embora [ir-si eing'bora]
weiblich feminino [femi'nino]
weich mole ['moli], brando ['brando], macio [ma'sio]
weigern, s. ~ recusar-se [reku'sar-si]
weil porque [por'ke]
Weinberg vinha ['winja]
weinen chorar [scho'rar]
weit *(Gegenteil von eng)* largo ['largo]; *(Weg)* longo ['longo]; *(entfernt)* distante [dis'tantschi]
Welt mundo ['mundo]
wenig pouco ['pouko]; **ein ~ (von)** um pouco (de) [um 'pouko (di)]
wenigstens ao menos [ao 'menos]
wenn *(Bedingung)* se [si]; *(zeitlich)* quando ['kwando]
werden tornar-se [tor'nar-si]
werfen atirar [ati'rar], lançar [lan'sar]
werktags nos dias úteis [nos 'dschias 'uteis]
Wert o valor [wa'lor]
wertlos sem valor [seing wa'lor]
Wertsachen os objetos de valor [ob'schetos di wa'lor]
Wespe vespa ['wespa]
Westen o oeste [o'estschi], o ocidente [osi'deintschi]
westlich von ao oeste de [ao o'estschi di]
wichtig importante [impor'tantschi]
wie *(Frage, Vergleich)* como ['komo]
wieder de novo [di 'nowo], novamente [nowa'meintschi]
wiederholen repetir [repi'tschir]
wiederkommen voltar [wol'tar], regressar [regre'ßar]
wiegen pesar [pe'sar]
Wiese campo ['kampo]
wild selvagem [sel'wascheing], silvestre [sil'westri]
willkommen bem-vindo [beng-'windo]
winken acenar [ase'nar]
wir nós [nos]
wirklich *adj* real [re'au]
Wirt/in dono/dona do restaurante ['dono/'dona do restau'rantschi]
wissen saber [sa'ber]
Witz graça ['grasa], piada [pi'ada]
Woche semana [se'mana]
wochentags nos dias úteis [nos 'dschias 'uteis]
wöchentlich *adj* semanal [sema'nau]; *adv* todas as semanas ['todas as se'manas]
wohlhabend abastado [abas'tado]
wohnen morar [mo'rar]
Wohnung casa ['kasa], apartamento [aparta'mento]
wollen querer [ke'rer]
Wort palavra [pa'lawra]
wunderbar maravilhoso [marawil'joso]
wundern, s. ~ (über) admirar-se (de) [admi'rar-si (di)]
wünschen desejar [dese'schar]
Wurm o verme ['wermi]
Wut raiva ['raiwa], fúria ['furia]
wütend furioso [furi'oso]

Z

Zahl número ['numero]
zahlen pagar [pa'gar]
zählen contar [kon'tar]
zärtlich carinhoso [karin'joso], terno ['terno], meigo ['meigo]

Zeichen o sinal [si'nau]; *(An~)* indício [in'disio]; *(Beweis)* prova ['prowa]
zeichnen desenhar [desen'jar]
zeigen mostrar [mos'trar]
Zeit tempo ['tempo]
Zeitung o jornal [schor'nau]
zentral central [sen'trau]
Zentrum centro ['sentro]
zerstören destruir [destru'ir]
ziehen puxar [pu'schar], tirar [ti'rar]
Ziel objetivo [obsche'tiwo], fim [fing]; *(Reise~)* destino [des'tino]
ziemlich bastante [bas'tantschi]
zögern hesitar [esi'tar]
zornig irado [i'rado], zangado [san'gado]
zu (1) *(Richtung)* para ['para], a [a]; *(mit adj)* demasiado [demasi'ado]; ~ **sehr**, ~ **viel** de mais [di mais], demasiado [demasi'ado]
zu (2) *(geschlossen)* fechado [fe'schado]
zubereiten preparar [prepa'rar]
zuerst primeiro [pri'meiro], em primeiro lugar ['eing pri'meiro lu'gar]
zufällig *adv* por acaso [por a'kaso]
zufrieden satisfeito [satis'feito], contente [kon'teintschi]
zugreifen *(Essen)* servir-se [serwir-si]
zuhören, jdm ~ escutar alg [esku'tar au'gein]
Zukunft futuro [fu'turo]
zukünftig futuro [fu'turo]
zulässig permitido [permi'tido]
zuletzt em último lugar ['eing 'ult-schimo lu'gar], por fim [por fing]
zurück para trás [para 'tras]
zurückbringen trazer [tra'ser], devolver [dewol'wer]
zurückfahren voltar (de carro) [wol'tar (di 'kaho)], levar para casa (de carro) [le'war 'para 'kasa (di 'kaho)]
zurückgeben devolver [dewol'wer], restituir [restitu'ir]
zurückkehren regressar [regre'ßar], voltar [wol'tar]
zusagen *(Einladung)* aceitar [asei'tar]
zusammen juntos ['schuntos], juntamente [schunta'meintschi]
Zusammenstoß o choque ['schoki]
zusätzlich adicional [adisio'nau], suplementar [suplemen'tar]
zuschauen ver [wer], olhar [ol'jar]
Zuschauer espetador [espeta'dor]
Zustand estado [e'stado]
zuständig competente [kompe'teintschi], responsável [respon'saweo]
zustimmen concordar [konkor'dar]
zuverlässig seguro [se'guro], de confiança [di konfi'ansa]
zweite(r, s) segundo [se'gundo]
zweitens em segundo lugar ['eing se'gundo lu'gar]
zwingen obrigar [obri'gar]
zwischen entre ['entri]
Zwischenfall o incidente [insi'deintschi]

Brasilianisch – Deutsch

A

a [a] *(in Richtung auf, zeitlich)* gegen, *(Richtung)* zu
abaixo de [a'baischo di] unterhalb
abastado [abas'tado] wohlhabend
abastecer [abaste'ser] tanken; **abastecer de** [abaste'ser di] versorgen mit
abelha [a'belja] Biene
aberto [a'berto] auf, geöffnet, offen
aborrecer-se com [abohe'ser-si kon] s. ärgern über
aborrecido [abohe'sido] langweilig
abraçar [abra'sar] umarmen
abreviatura [abrewia'tura] Abkürzung
abrir [a'brir] aufmachen, öffnen
absolutamente [absoluta'meintschi] *adv* unbedingt
acabar [aka'bar] aufhören, beenden
acalmar-se [akal'mar-si] s. beruhigen
acaso [a'kaso] Zufall; **por acaso** [por a'kaso] *adv* zufällig
aceitar [asei'tar] annehmen; übernehmen; *(Einladung)* zusagen
acenar [ase'nar] winken
acender [asen'der] anmachen, anzünden, einschalten
achar [a'schar] finden, meinen
acidentalmente [asidentau'meintschi] *adv* gelegentlich
acidente [asi'deintschi] *m* Unfall; **ser vítima dum acidente** [ser 'witima dum asi'deintschi] verunglücken
acima de [a'sima di] über
acompanhar [akompan'jar] begleiten
aconselhar [akonsel'jar] *(Rat erteilen)* raten
acontecer [akonte'ser] s. ereignen, geschehen, passieren
acontecimento [akontesi'mento] Ereignis
acordado [akor'dado] wach
acordar [akor'dar] aufwachen; aufwecken, wecken
acreditar [akredi'tar] glauben
acrescentar [akresen'tar] hinzufügen
adaptar-se [adap'tar-si] s. akklimatisieren
adiar [adi'ar] aufschieben; *(zeitlich)* verschieben
adicional [adisio'nau] zusätzlich
administração [administra'sau] *f* Verwaltung
admirar [admi'rar] bewundern
admirar-se (de) [admi'rar-si (di)] s. wundern (über)
adulto/adulta [a'dulto/a'dulta] Erwachsene(r)
afinar [afi'nar] stimmen

afirmar [afir'mar] behaupten; meinen
agência [a'schänsia] Agentur
agora [a'gora] jetzt, nun; **agora mesmo** [a'gora 'mesmo] *(zeitlich)* eben
agradar [agra'dar] gefallen
agradável [agra'daweo] angenehm, gemütlich
agradecer [agrade'ser] danken
água ['agwa] Wasser
aí [a'i] *(Ort)* da, dort
ainda [a'inda] noch immer, noch; **ainda não** [a'inda nau] noch nicht; **ainda que** [a'inda ke] obwohl
ajuda [a'schuda] Hilfe
ajudar alg [aschu'dar au'gein] jdm behilflich sein, jmd helfen
alarme de incêndio [a'larme di in'sändio] *m* Feuermelder
alcançar [aukan'sar] erreichen
aldeia [au'deia] Dorf
alegrar-se com [ale'grar-si kon] s. freuen über
alegre [a'legri] froh, heiter, lustig; *(leicht)* betrunken
alegria [ale'gria] Freude
além [a'leing] *(Ort)* da, dort, drüben; **além de** [a'leing di] außer; **além disso** [a'leing 'dißo] außerdem, dazu, sonst noch
alemã [ale'ma] die Deutsche
Alemanha [ale'manja] Deutschland
alemão [ale'mau] deutsch; der Deutsche
algo ['augo] etwas
alguém [au'gein] jemand
alguma coisa [au'guma 'koisa] etwas, irgendetwas
alguns/algumas [au'guns/au'gumas] einige, ein paar
ali [a'li] *(Ort)* da, dort
alojamento [aloscha'mento] Unterkunft
alongar [alon'gar] verlängern
alto ['auto] hoch, laut
altura [au'tura] Höhe
alugar [alu'gar] mieten, vermieten
amanhã [aman'ja] morgen; Morgen
amar [a'mar] lieben
amargo [a'margo] bitter
amável [a'maweo] freundlich, liebenswürdig
ambos ['ambos] beide
ambulância [ambu'lansia] Krankenwagen
ameno [a'meno] mild
amiga [a'miga] Freundin
amigo [a'migo] Freund; **ser amigo** [ser a'migo] befreundet sein
amor [a'mor] Liebe
analisar [anali'sar] untersuchen
andar [an'dar] *m* Stock(werk); **andar a pé** [an'dar a pä] wandern
animal [ani'mau] *m* Tier
aniversário [aniwer'sario] Geburtstag
ano ['ano] Jahr; **por ano** [por 'ano] *adv* jährlich
anotar [ano'tar] aufschreiben
antemão, de ~ [di ante'mau] im Voraus
antes ['antes] eher, früher; vorher; lieber; vielmehr; **quanto antes** ['kwanto 'antes] so bald wie möglich; **antes de** ['antes di] bevor, *(zeitlich)* vor
antigamente [antiga'meintschi] damals, früher
antigo [an'tigo] *(aus früheren Zeiten)* alt
anual [anu'au] *adj* jährlich

anualmente [anuau'meintschi] *adv* jährlich
anunciar [anung'siar] ankündigen; (an)melden
apagar [apa'gar] löschen; *(Licht)* ausmachen
apanhar [apan'jar] ergreifen, fangen
aparelho [apa'reljo] Apparat
apartamento [aparta'mento] Wohnung
apenas [a'penas] nur
aperfeiçoar [aperfeiso'ar] verbessern
apesar disso [ape'sar 'dißo] trotzdem
apetite [ape'titschi] *m* Appetit
aplausos [a'plausos] Beifall
apreciar [apresi'ar] schätzen
aprender [apren'der] lernen
apresentação [apresenta'sau] *f* Vorstellung
apresentar [apresen'tar] vorstellen, vorzeigen; **apresentar alg a alg** [apresen'tar au'gein a au'gein] jdn mit jdm bekannt machen
apressado [apre'ßado] eilig
apressar-se [apre'ßar-si] s. beeilen
aproximadamente [aprosimada'meintschi] ungefähr
aproximar-se [aprosi'mar-si] s. nähern
aquele, aquela [a'keli, a'kela] jene(r, -s)
aqui [a'ki] hier
ar [ar] *m* Luft
arbusto [ar'busto] Busch
arder [ar'der] brennen
arranjar [ahan'schar] beschaffen, besorgen, verschaffen
árvore ['arwori] *f* Baum
assento [a'ßento] Sitz
assim [a'ßing] so
assinar [aßi'nar] unterschreiben
assinatura [aßina'tura] Unterschrift
associação [aßosia'sau] *f* Verein
assunto [a'ßunto] Angelegenheit; Sache; (Gesprächs-)Gegenstand
assustar [aßus'tar] erschrecken
atalho [a'taljo] *(Weg)* Abkürzung; Pfad
até [a'tä] bis; sogar; **até agora** [a'tä a'gora] bis jetzt
atenção [aten'sau] *f* Achtung
atestar [ates'tar] bescheinigen
atirar [ati'rar] schießen; werfen
Atlântico [at'lantiko] Atlantik
atrás [a'tras] hinten; **atrás de** [a'tras di] hinter
atrasar-se [atra'sar-si] s. verspäten
através de [atra'weis di] durch, quer durch
atravessar [atrawe'ßar] überqueren
atrever-se a [atre'wer-si a] wagen
auge [au'sche] *m* Höhepunkt
aumentar [aumen'tar] anwachsen, zunehmen; *(Preise)* erhöhen, heraufsetzen
ausente [au'seintschi] abwesend, fort, weg
Áustria ['austria] Österreich
austríaco/austríaca [aus'triako/aus'triaka] Österreicher/in; österreichisch
autêntico [au'täntiko] echt
automático [auto'matiko] automatisch
automóvel [auto'moweo] *m* Auto, Wagen
autoridades [autori'dadsches] *f pl* Behörde
autorização [autorisa'sau] *f* Erlaubnis
autorizar [autori'sar] genehmigen

auto-serviço [auto-ser'wiso] Selbstbedienung
avaliar [awali'ar] schätzen
avante [a'wantschi] vorwärts
ave ['awi] *f (großer)* Vogel
avisar [awi'sar] benachrichtigen; **avisar (de)** [awi'sar (di)] warnen (vor)
avó [a'wo] *f* Großmutter; **avô** [a'woh] *m* Großvater

B

baía [ba'ia] Bucht
baile ['baili] *m (Fest)* Ball, Tanz
baixo ['baischo] nieder, niedrig, tief; leise; *(ordinär)* gemein; **em baixo** ['eing 'baischo] unten; **para baixo** ['para 'baischo] bergab, abwärts; **por baixo de** [por 'baischo di] unterhalb
banco ['banko] *(Geldinstitut, Sitzbank)* Bank
barato [ba'rato] billig
barulho [ba'ruljo] Geräusch; Lärm
bastante [bas'tantschi] genug; reichlich; ziemlich
bastar [bas'tar] (aus)reichen
bater [ba'ter] schlagen
bebê [be'be] *m* Baby
beber [be'ber] trinken
beijar [bei'schar] küssen
beijo ['beischo] Kuss
belo ['belo] schön
bem [beng] *m* Wohl; *adv* gut
bem-vindo [beng-'windo] willkommen
bilheteira [biljete'ria] (Theater-) Kasse
bôbo ['bobo] blöd(e)
bola ['bola] Ball
bolsa ['bolsa] Beutel; (Hand-) Tasche
bolso ['bolso] Tasche
bom [bong] *adj* gut; **de bom grado** [di bong 'grado] gern
bombeiros [bom'beiros] Feuerwehr
bonito [bo'nito] nett; hübsch; schön
bosque ['boski] *m* Busch
brando ['brando] weich
Brasil [bra'siu] Brasilien
brasileiro/brasileira [brasi'leiro/brasi'leira] Brasilianer/in; brasilianisch
breve ['brewi] bald; kurz
brincadeira [brinka'deira] Scherz, Spaß
brincar [brin'kar] spielen
bronzeado [bronse'ado] *(gebräunt)* braun
buraco [bu'rako] Loch
burro ['buho] Esel
bússola ['bußola] Kompass

C

cabana [ka'bana] Hütte
cabo ['kabo] (Hand-)Griff; Seil
cachorro [ka'schoho] Hund
cada ['kada] *adj* jeder; **cada um** ['kada um] *prn* jeder
cadeira [ka'deira] Stuhl
café [ka'fä] *m* Kaffee; Café, Lokal; **tomar o café da manhã** [to'mar o ka'fä da man'ja] frühstücken
cair [ka'ir] fallen, stürzen
caixa ['kaischa] Kiste, Schachtel; Büchse, Dose; Kasse
calar-se [ka'lar-si] schweigen
calcular [kauku'lar] (be)rechnen
calma ['kalma] Stille, *(auch seelisch)* Ruhe
calmo ['kalmo] ruhig

cama ['kama] Bett; **ir para a cama** [ir 'para a 'kama] zu Bett gehen
câmbio ['kambio] (Wechsel-)Kurs; Umrechnung
caminhar [kamin'jar] wandern
caminho [ka'minjo] Weg; **no/a caminho** [no/na ka'minjo] unterwegs

campainha [kampa'inja] Klingel
campo ['kampo] Feld, Wiese
canção [kan'sau] *f* Lied
cancelar [kanse'lar] *(Fahr-, Flugkarten)* abbestellen; **cancelar a reserva** [kanse'lar a re'serwa] *(Zimmer)* abbestellen
candeeiro [kande'eiro] Lampe
cansado [kan'sado] müde
cantar [kan'tar] singen
canto ['kanto] Ecke, Winkel; Gesang
capital [kapi'tau] *f* Hauptstadt
carimbo [ka'rimbo] Stempel
carinhoso [karin'joso] zärtlich
caro ['karo] kostspielig, teuer; lieb
carro ['kaho] Auto, Wagen
cartaz [kar'tas] *m* Plakat
carteira [kar'teira] Brieftasche
casa ['kasa] Haus, Wohnung; **em casa** ['eing 'kasa] daheim
casado (com) [ka'sado (kon)] verheiratet (mit)
casamento [kasa'mento] Ehe; Heirat, Hochzeit
casar(-se) [ka'sar-si] heiraten
caso ['kaso] Fall; Vorfall; **no caso de** [no 'kaso di] falls
castanho [kas'tanjo] braun
castelo [kas'telo] Burg; Schloss
castigo [kas'tigo] Strafe
caução *f* [kau'sau] Kaution
causa ['kausa] Grund, Ursache; **por causa de** [por 'kausa di] wegen
causar [kau'sar] verursachen
cedo ['sedo] früh
célebre ['selebri] berühmt
por cento [por 'sento] Prozent
central [sen'trau] zentral
centro ['sentro] Zentrum
cerca de ['serka di] etwa
certamente [serta'meintschi] *adv* bestimmt, gewiss, sicher
certeza, com ~ [kon ser'tesa] *adv* bestimmt, sicher
certificar [sertifi'kar] bescheinigen
certo ['serto] *adj* bestimmt, gewiss, sicher; **estar certo** [es'tar 'serto] stimmen
cesto ['sesto] Korb
céu ['säu] *m* Himmel
chamar [scha'mar] nennen, (auf)rufen
chamar-se [scha'mar-si] heißen
chão ['schau] (Fuß-)Boden
chefe ['schefi] *m* Chef
chegar [sche'gar] ankommen, eintreffen; ausreichen; **chegar a acordo** [che'gar a a'kordo] s. einigen
cheio ['scheio] voll
cheirar [schei'rar] riechen; **cheirar mal** [schei'rar mau] stinken
cheiro ['scheiro] Geruch
choque ['schoki] *m* Zusammenstoß
chorar [scho'rar] weinen
cidade [si'dadschi] *f* Stadt
cimo ['simo] Gipfel, Spitze; **em cima** ['eing 'sima] oben; **para cima** ['para 'sima] aufwärts; bergauf; **para cima** ['para 'sima] nach oben; **em cima de** ['eing 'sima di] *prp* auf; **por cima de** [por 'sima di] über

claro ['klaro] deutlich, hell, klar; *adv* natürlich
classe ['klaßi] *f* Klasse
cliente [kli'eintschi] *m* Kunde
clima ['klima] *m* Klima
coisa ['koisa] Ding, Sache
colecionar [kolesio'nar] sammeln
colega [ko'lega] *m* Kollege
colheita [kol'jeita] Ernte
colher [kol'jer] pflücken
colina [ko'lina] Hügel
colocar [kolo'kar] stellen
colorido [kolo'rido] bunt, farbig
com [kon] mit
combinar [kombi'nar] vereinbaren
começar [komä'sar] anfangen, beginnen
começo [ko'mäso] Anfang, Beginn
comer [ko'mer] essen
comestível [komes'tiweo] essbar
comida ['komida] Essen; Verpflegung
como ['komo] *(Grund)* da; *(Frage, Vergleich)* wie
cômodo ['komodo] bequem
comparar [kompa'rar] vergleichen
compatriota [kompatri'ota] *m* Landsmann
competente [kompe'teintschi] zuständig
completamente [kompläta'meintschi] *adv* ganz, vollständig
completo [kom'pläto] besetzt, voll; ganz, vollständig
comprar [kom'prar] (ein)kaufen
compreender [kompreen'der] verstehen
comprido [kom'prido] lang
comprimento [kompri'mento] Länge
comum [ko'mun] *adj* gemeinsam; gemein; **em comum** ['eing ko'mun] *adv* gemeinsam
comunicação [komunika'sau] *f* Mitteilung
concordar [konkor'dar] zustimmen
condição [condi'sau] *f* Bedingung; **em boa condição física** ['eing 'boa kondi'sau 'fisika] fit
condutor [kondu'tor] *m* Fahrer
confiança [konfi'ansa] Vertrauen; **de confiança** [di konfi'ansa] zuverlässig
confirmar [konfir'mar] bestätigen
conflito [kon'flito] Streit
confortável [konfor'taweo] gemütlich, bequem
confundir [konfun'dschir] verwechseln
conhecer [konje'ser] kennen lernen; kennen
conhecido/conhecida [konje'sido/konje'sida] der/die Bekannte; bekannt
conhecimento [konjesi'mento] Bekanntschaft; Kenntnis
conseguir [konsegu'ir] *(durch Bemühung)* erhalten, erreichen
conselho [kon'seljo] Rat, Tip; **pedir conselho a alg** [pe'dschir kon'seljo a au'gein] jdn um Rat fragen
consertar [konser'tar] flicken, reparieren
conservar [konser'war] aufbewahren
considerar [konside'rar] beachten
constante [kon'stantschi] *(dauernd)* fest
constar de [kon'star di] bestehen aus

constituir [konstitu'ir] bilden; **ser constituído por** [ser konstitu'ido por] bestehen aus
consulado [konsu'lado] Konsulat
consumo [kon'sumo] Verbrauch
conta ['konta] *(im Restaurant, Café)* Rechnung; **tomar conta (de)** [to'mar 'konta di] aufpassen (auf)
contar [kon'tar] erzählen; zählen
contato [kon'tato] Berührung, Kontakt
contente [kon'teintschi] froh, zufrieden, befriedigt; **contente (com)** [kon'teintschi (kon)] erfreut (über)
conter [kon'ter] enthalten
conteúdo [konte'udo] Inhalt
contra ['kontra] *(wider)* gegen; **ser contra** [ser 'kontra] dagegen sein
contrário [kon'trario] Gegenteil; **pelo contrário** ['pelo kon'trario] im Gegenteil
contrato [kon'trato] Vertrag
controlar [kontro'lar] kontrollieren
convencer [konwen'ser] überzeugen
conversa [kon'wersa] Gespräch, Unterhaltung
conversar [konwer'sar] s. unterhalten
convidado [konwi'dado] Gast
convidar [konwi'dar] auffordern, einladen
convir [kon'wir] gelegen kommen, passen
coração [kora'sau] *m* Herz
corda ['korda] Seil
cordial [kordi'au] herzlich, freundlich
corpo ['korpo] Körper
corrente [ko'heintschi] *f* Kette, Strömung, *(el)* Strom; üblich, gewöhnlich; **corrente de ar** [ko'heintschi di ar] *f* Luftzug
correr [ko'her] fließen; laufen; rennen
correto [ko'heto] fair, korrekt
corrupto [ko'hupto] *(sittlich)* verdorben
cortar [kor'tar] schneiden
cortês [kor'täs] höflich
costa ['kosta] Küste, Ufer
cozinha [ko'sinja] Küche
cozinhar [kosin'jar] kochen
crença ['krensa] Glaube
crer [krer] glauben
crescer [kre'ser] wachsen; zunehmen
criador [kria'dor] kreativ
criança [kri'ansa] Kind
criativo [kria'tiwo] kreativ
criticar [kriti'kar] kritisieren
cuidadoso [kuida'doso] sorgfältig; vorsichtig
cuidar de [kui'dar di] s. kümmern um, sorgen für
culpa ['kulpa] Schuld
cultura [kul'tura] Kultur
cumprimentar [kumprimen'tar] (be)grüßen
cumprir [kum'prir] (fest)halten
cunhada [kun'jada] Schwägerin
cunhado [kun'jado] Schwager
curioso [kuri'oso] neugierig
curto ['kurto] *(räumlich)* kurz; **a curto prazo** [a 'kurto 'praso] kurzfristig
custar [kus'tar] kosten

D

dança ['dansa] Tanz
danificar [danifi'kar] beschädigen
dano ['dano] Beschädigung, Schaden

dar [dar] geben; **dar troco** [dar 'troko] *(Geld)* herausgeben
data ['data] Datum; Termin
de [di] ab; von; *(Herkunft; Material)* aus
debaixo de [di'baischo di] unter
decidir [desi'dir] beschließen; entscheiden
decidir-se [desi'dir-si] s. entschließen
declarar [dekla'rar] anmelden; angeben; erklären
defeito [de'feito] Fehler, Mangel
definitivamente [definitiwa'meintschi] *adv* endgültig
definitivo [defini'tiwo] *adj* endgültig
deitar-se [dei'tar-si] s. hinlegen; **ir deitar-se** [ir dei'tar-si] zu Bett gehen
deixar [dei'schar] (zu)lassen; verlassen; zurücklassen, hinterlassen
dela ['dela] *poss prn f sing* ihr
deles/delas ['deles/'delas] *pl* ihr
delgado [del'gado] dünn; fein; schlank
delicado [deli'kado] (zart)fühlend; fein; höflich
demasiado [demasi'ado] *(mit adj)* zu; zu sehr, zu viel
demorar [demo'rar] verzögern; **demorar-se** [demo'rar-si] s. aufhalten
dentro ['dentro] drin(nen), innen
depois [de'pois] danach, dann, nachher; **depois de** [de'pois di] *(zeitlich)* nach
depositar [deposi'tar] hinterlegen
depósito [de'posito] Behälter; (Flaschen-)Pfand; **depósito de lixo** [de'posito di 'lischo] Mülltonne
depressa [de'preßa] *adv* rasch, schnell
desagradável [desagra'daweo] unangenehm, unerfreulich
desaparecer [desapare'ser] verschwinden
desastre [de'sastri] *m* Unfall
descansar [deskan'sar] s. ausruhen, s. erholen; (aus)ruhen
descanso [des'kanso] Ruhe; Erholung
descarado [deska'rado] unverschämt
descobrir [desko'brir] entdecken
desconfiar de ['deskonfi'ar di] misstrauen
desconto [des'konto] Ermäßigung, Rabatt
descrever [deskre'wer] beschreiben
desculpa [des'kulpa] Entschuldigung
desde ['deisdi] *prp* seit, ab; **desde que** ['deisdi ke] *conj* seit
desejar [dese'schar] wünschen, mögen; **estar desejando** [estar dese'schando] s. freuen auf
desempregado [des-eingpre'gado] arbeitslos
desenhar [desen'jar] zeichnen
desenvolver [desenwol'wer] entwickeln
desesperado [desespe'rado] verzweifelt
desgosto [des'gosto] Kummer
desgraça [des'grasa] Unglück
designação [designa'sau] *f* Bezeichnung
desiludido [des-ilu'dido] enttäuscht
despachar [despa'schar] erledigen; *(Gepäck)* aufgeben; **despachar-se** [despa'schar-si] s. beeilen

despedir-se [despe'dschir-si] Abschied nehmen, s. verabschieden
despertar [desper'tar] aufwachen, (auf)wecken
despesas [des'pesas] *f pl* Ausgaben, Kosten
destino [des'tino] (Reise-)Ziel
destruir [destru'ir] zerstören
desvio [des'wio] Umweg
determinado [determi'nado] *adj* bestimmt
Deus ['deus] Gott
devagar [dewa'gar] *adv* langsam
dever [de'wer] *m* Pflicht, Verpflichtung; müssen, sollen; schulden; **ter o dever de** [ter o de'wer di] verpflichtet sein
devolver [dewol'wer] wiedergeben, zurückbringen, zurückgeben
dia ['dschia] *m* Tag; ; **nos dias úteis** [nos 'dschias 'uteis] werktags, wochentags
diferença [dife'rensa] Unterschied
diferente [dife'reintschi] anders, verschieden
difícil [di'fisiu] schwer, schwierig
dinheiro [dschin'jeiro] Geld; **dinheiro miúdo** [dschin'jeiro mi'udo] Wechselgeld
direção [dire'sau] *f* Richtung; Direktion
direito (1) [di'reito] *adj* gerade; rechte(r, -s); **à direita** [a di'reita] rechts
direito (2) [di'reito] Recht
direto [di'räto] direkt
diretor/diretora [dire'tor/dire'tora] Leiter/in, Direktor/in
disposto [dis'posto] bereit
disputa [dis'puta] Streit
distância [dis'tansia] Abstand, Entfernung
distante [dis'tantschi] entfernt, weit; abgelegen
distinto [dis'tinto] fein, vornehm
divertimento [diwerti'mento] Unterhaltung, Vergnügen
divertir-se [diwer'tir-si] s. amüsieren; s. unterhalten
dívida ['diwida] (Geld-)Schuld
dividir [diwi'dir] teilen
divisão [diwi'sau] *f* Raum
dizer [di'ser] sagen; *(Botschaft)* ausrichten; **dizer as letras** [di'ser as 'letras] buchstabieren
do que [do ke] *(bei Vergleich)* als
doce ['dosi] süß
doente [do'eintschi] krank
doer [do'er] schmerzen
doido ['doido] verrückt
dono ['dono] Besitzer, Eigentümer; **dono do restaurante** ['dono do restau'rantschi] Wirt; **dono/dona da casa** ['dono/'dona da 'kasa] Gastgeber/in
dormir [dor'mir] schlafen
duplo ['duplo] doppelt
duração [dura'sau] *f* Dauer
duradouro [dura'douro] haltbar
durante [du'rantschi] *prp* während
durar [du'rar] dauern, halten
duro ['duro] hart

E

e [i] und
edifício [edi'fisio] Gebäude
educação [eduka'sau] *f* Erziehung
ela ['ela] *f sing* sie; **elas** ['elas] *f pl* sie
ele ['eli] er; **eles** ['eles] *m pl* sie
elegante [ele'gantschi] schlank
eleger [ele'scher] *(Politik)* wählen
elétrico [e'lätriko] elektrisch
elevador [elewa'dor] *m* Fahrstuhl

elogiar [eloschi'ar] loben
em ['eing] an, auf, in
embaixada [embai'schada] *(dipl. Vertretung)* Botschaft
embalagem [emba'lascheing] *f* Packung, Verpackung
embora [eing'bora] obwohl
embriagado [embria'gado] betrunken
embriagar-se [embria'gar-si] s. betrinken
embrulhar [embrul'jar] einpacken, einwickeln, verpacken
embusteiro [embus'teiro] Schwindler
empregar [empre'gar] anwenden; gebrauchen, verwenden
emprego [em'prego] Anstellung, Arbeit; Gebrauch, Verwendung; Anwendung
empresa [em'presa] Firma, Unternehmen
emprestar [empres'tar] leihen, verleihen
encantador [enkanta'dor] bezaubernd, entzückend
encher [en'scher] füllen
encontrar [enkon'trar] begegnen, treffen; finden; **encontrar-se** [enkon'trar-si] s. befinden, liegen
encontro [en'kontro] Verabredung
endereço [ende'reso] Adresse, Anschrift
enganar [enga'nar] betrügen; schwindeln; **enganar-se** [enga'nar-si] s. irren, s. täuschen; **enganar-se na conta** [enga'nar-si na 'konta] s. verrechnen
engano [en'gano] *(Gaunerei)* Betrug
ensaio [en'saio] Probe
ensinar [ensi'nar] lehren, unterrichten
então [en'tau] also; *(Zeit)* da; dann; nun
entender [enten'der] verstehen
entrada [en'trada] Einfahrt, Eingang, Eintritt
entrar [en'trar] eintreten, hereinkommen, hineingehen; einreisen; zusteigen; **entrar em** [en'trar 'eing] betreten
entre ['entri] unter, zwischen
entregar [entre'gar] überbringen; abgeben, übergeben
entre! ['entre] herein!
entusiasmado (com) [entusias'mado] begeistert (von)
enviar [enwi'ar] schicken, (ver)senden, überweisen
época ['äpoka] Saison; **naquela época** [na'kela 'epoka] damals
equipe [e'kipi] *f (Sport)* Mannschaft
equívoco [e'kiwoko] Missverständnis
errado [e'hado] falsch
erro ['eho] Fehler, Irrtum
escada [es'kada] *f* Leiter; Treppe
escarpado [eskar'pado] steil
escola [es'kola] Schule
escolha [es'kolja] Auswahl, Wahl
escolher [eskol'jer] aussuchen, wählen
escrever [eskre'wer] schreiben
escrita [es'krita] (Hand-)Schrift
escrito, por ~ [por es'krito] schriftlich
escritório [eskri'torio] Büro
escuro [es'kuro] dunkel, finster
escutar alg [esku'tar au'gein] jdm zuhören
esforçar-se [esfor'sar-si] s. bemühen, s. Mühe geben
esforço [es'forso] Anstrengung, Mühe
esgotado [esgo'tado] erschöpft

esgoto [es'goto] Kanal
espaço [e'spaso] Raum
Espanha [e'spanja] Spanien
espanhol/espanhola [espani'ol/espani'ola] Spanier/in; spanisch
especial [espesi'au] extra, Sonder-...; speziell
especialmente [espesiau'meintschi] besonders
espécie [e'spesie] *f* Sorte
esperar [espe'rar] warten; erwarten; hoffen
esperto [es'perto] klug, schlau
espetador [espeta'dor] Zuschauer
espirrar [espi'har] niesen
esplêndido [es'pländido] herrlich, prima
esporte [e'sportschi] Sport
esposa [es'posa] Ehefrau
esposo [es'poso] Ehemann
esquecer-se (de) [eske'ser-si (di)] vergessen; liegen lassen
esquentar [esken'tar] heizen
esquerdo [es'kerdo] linke(r, -s); **à esquerda** [a es'kerda] links
esquina [es'kina] Ecke
esse/essa ['eßi/'äßa] diese(r, s)
estação [esta'sau] *f* Saison; **estação do ano** [esta'sau do 'ano] *f* Jahreszeit
estacionar [estasio'nar] *(Auto)* abstellen, parken
estada [e'stada] Aufenthalt
Estado [e'stado] Staat
estado Verfassung, Zustand
estar [es'tar] sein; **estar em pé** [es'tar 'eing 'pä] stehen
estável [es'taweo] dauernd, fest
este/esta ['esti/'esta] diese(r, s)
estorvar [estor'war] stören
estrada [es'trada] (Land-)Straße
estragado [estra'gado] *(Obst)* faul, verdorben; kaputt
estrangeiro [estran'scheiro] Ausland
estrangeiro/a [estran'scheiro/a] Ausländer/in, der/die Fremde; fremd, ausländisch
estreito [es'treito] eng, schmal
estrela [es'trela] Stern
estudar [estu'dar] lernen, studieren
estúpido [es'tupido] blöd(e)
eu ['eu] ich
Europa [eu'ropa] Europa
europeu/européia [euro'peu/euro'peia] Europäer/in; europäisch
evitar [ewi'tar] vermeiden
exagerado [esascher'ado] übertrieben
examinar [esami'nar] (nach)prüfen, nachsehen, untersuchen
exatamente [esata'meintschi] *(zeitlich)* gerade
exato [e'sato] genau, richtig
excelente [ese'leintschi] ausgezeichnet, erstklassig
exceto [e'seto] außer
excursão [eskur'sau] *f* Tour
exemplo [e'semplo] Beispiel; **por exemplo** [por e'semplo] zum Beispiel
exercício [eser'sisio] Übung
exercitar [esersi'tar] üben
exigir [esi'schir] fordern, verlangen
experiência [esperi'änsia] Erfahrung, Praxis; Probe
explicar [espli'kar] *(deutlich machen)* erklären
expressamente [espreßa'meintschi] ausdrücklich
expressão [espre'sau] *f* Ausdruck
extensão [esten'sau] *f* *(Ausdehnung)* Größe
extintor de incêndios [estin'tor di in'sändios] Feuerlöscher

extra ['estra] extra
extraordinário [estraordi'nario] außergewöhnlich

F

fábrica ['fabrika] Fabrik
fácil ['fasiu] einfach, leicht
falar [fa'lar] reden, sprechen
falso ['fauso] falsch, unecht
falta ['fauta] Fehler *(den man macht);* Mangel
faltar [fau'tar] fehlen
família [fa'milia] Familie
famoso [fa'moso] berühmt
farto ['farto] satt
fatigado [fati'gado] müde
fatigante [fati'gantschi] anstrengend
fato ['fato] Tatsache
fatura [fa'tura] Rechnung
favor [fa'wor] *m* Gefälligkeit; **ser a favor de** [ser a fa'wor di] dafür sein
fazenda [fa'senda] Bauernhof, Landgut; Stoff
fazer [fa'ser] machen, tun; *(Liste)* aufstellen; **fazer compras** [fa'ser 'kompras] einkaufen; **fazer contrabando** [fa'ser kontra'bando] schmuggeln
fé ['fä] *f* Glaube
fechado [fe'schado] geschlossen, zu
fechadura [fescha'dura] (Tür-)Schloss
fechar [fe'schar] abschließen, schließen, zumachen; **fechar à chave** [fe'schar a 'schawi] verschließen, zuschließen
fecho ['fescho] (Tür-)Schloss; Verschluss
feder [fe'der] stinken
feio ['feio] hässlich
feito à mão ['feito a mau] handgemacht
felicidade [felisi'dadschi] *f* Glück
felicitações [felisita'sois] *f pl* Glückwunsch
felicitar [felisi'tar] gratulieren
feliz [fe'lis] glücklich, froh
feminino [femi'nino] weiblich
férias ['ferias] *f pl* Ferien, Urlaub
ferido/ferida [fe'rido/a] der/die Verletzte
festa ['festa] Fest, Party
fiança [fi'ansa] Kaution
ficar [fi'kar] bleiben; *(s. befinden)* liegen; übrigbleiben; **ficar bem** [fi'kar beng] *(Kleidung)* passen; **ficar calado** [fi'kar ka'lado] schweigen; **ficar com** [fi'kar kon] behalten; **ficar parado** [fi'kar pa'rado] stehen bleiben; **ficar satisfeito com** [fi'kar satis'feito kon] s. freuen über
fiel [fi'eu] treu
fila ['fila] Reihe
filha ['filja] Tochter
filho ['filjo] Sohn
fim [fing] *m* Ende, Schluss; Ziel; Zweck; **por fim** [por fing] zuletzt; am Ende
finalmente [finau'meintschi] endlich
fino ['fino] *(dünn)* fein
firma ['firma] Firma
flor ['flor] *f* Blume
florescer [flore'ser] blühen
fogo ['fogo] Feuer, Brand
folha ['folja] Blatt
fome ['fomi] *f* Hunger; **ter fome** [ter 'fomi] hungrig sein
fora ['fora] außen, draußen; weg; **fora de** ['fora di] außerhalb
forasteiro/forasteira [foras'teiro/foras'teira] der/die Fremde

força ['forsa] Kraft, Stärke
forma ['forma] Form
formação [forma'sau] *f* Ausbildung
formar [for'mar] bilden
forte ['fortschi] kräftig, stark
fósforo ['fosforo] Streichholz
fotografar [fotogra'far] fotografieren
fotografia [fotogra'fia] Foto, Aufnahme, Bild
foz [fos] *f* Mündung
fraco ['frako] schwach
França ['fransa] Frankreich
francês [fran'ses] *m* Franzose; französisch
francesa [fran'sesa] *f* Französin
frase ['frasi] *f* Satz
fraude ['fraudschi] *f (Handel)* Betrug
freguês [fre'gäs] *m* Kunde
freira ['freira] Nonne
à frente [a 'freintschi] vorn; **em frente de** ['eing 'freintschi di] *prp* gegenüber
frequentemente [frekwente'meintschi] häufig, oft
fresco ['fresko] frisch; kühl
frio ['frio] kalt; **ter frio** [ter 'frio] frieren
fronteira [fron'teira] Grenze
fumar [fu'mar] rauchen
funcionar [funsio'nar] funktionieren
fundo ['fundo] tief; **no fundo** [no 'fundo] *adv* eigentlich
fúria ['furia] Wut
furioso [furi'oso] wütend
furo ['furo] Loch
fusível [fu'siweo] *m (el)* Sicherung
futuro [fu'turo] Zukunft; zukünftig

G

gaivota [gai'wota] Möwe
gancho ['ganscho] Haken
ganho ['ganjo] Gewinn; Verdienst
garantia [garan'tia] Garantie; Sicherheit
garrafa [ga'hafa] Flasche
gastar [gas'tar] ausgeben; verbrauchen
gata ['gata] Katze
gelar [sche'lar] frieren; **estar gelado** [es'tar sche'lado] frieren
gente ['scheintschi] *f* Leute
golpe ['golpi] *m* Schlag; Schubs, Stoß
gordo ['gordo] dick, fett
gostar de [gos'tar di] lieben, gern haben, mögen; **gostar mais de** [gos'tar mais di] lieber haben
gosto ['gosto] Geschmack; **com muito gosto** [kon 'muito 'gosto] gern
governo [go'werno] Regierung
gozar [go'sar] genießen
graça ['grasa] Witz; **de graça** [di 'grasa] gratis, umsonst
gracejo [gra'sescho] Scherz, Spaß
grama ['grama] Rasen
grande ['grandschi] groß, bedeutend
gratificação [gratifika'sau] *f* Belohnung
grátis ['gratis] frei, gratis, kostenlos, umsonst
gratuito [gratu'ito] gratis, frei, kostenlos
gritar [gri'tar] schreien
grupo ['grupo] Gruppe; **grupo de turistas** ['grupo di tu'ristas] Reisegesellschaft
guardar [gua'dar] aufbewahren, behalten
guia ['gia] *m/f* Reiseführer
guiar [gi'ar] führen

H

há [a] es gibt; *(in der Vergangenheit)* vor
habitante [habi'tantschi] *m* Bewohner, Einwohner
habituado, estar ~ [es'tar abitu'ado] gewohnt sein
habitual [abitu'au] gewöhnlich, üblich
hesitar [esi'tar] zögern
história [his'toria] Geschichte
homem ['omen] *m* Mann; Mensch
hora ['ora] Stunde; **meia hora** ['meia 'ora] eine halbe Stunde; **um quarto de hora** [um 'kwarto di 'ora] eine Viertelstunde
horário de abertura [o'rario di aber'tura] Öffnungszeiten
horrível [ho'hiweo] fürchterlich, schrecklich
hóspede ['hospedschi] *m* Gast
hospitalidade [hospitali'dadschi] *f* Gastfreundschaft

I

idade [i'dadschi] *f* Alter
idéia (é) [i'deia (ä)] Gedanke; Idee; Vorstellung; Begriff; Ahnung
igual [ig'wau] *adj* gleich
ilha ['ilja] Insel
imediatamente [imediata'meintschi] direkt; gleich, sofort
impedir [impe'dschir] hindern, verhindern
importância [impor'tansia] Bedeutung, Wichtigkeit; Betrag; **sem importância** [seing impor'tansia] unwichtig
importante [impor'tantschi] bedeutend, groß, wichtig
importunar [importu'nar] belästigen
importuno [impor'tuno] lästig
impossível [impo'ßiweo] unmöglich; ausgeschlossen
impressão [impre'ßau] *f* Eindruck
impresso [im'preßo] Formular
impróprio [im'proprio] ungeeignet
improvável [impro'waweo] unwahrscheinlich
inadequado [inade'kwado] ungeeignet
incêndio [in'sändio] Brand
incidente [insi'deintschi] *m* Zwischenfall
incluído [inklu'ido] inbegriffen
incomodar [inkomo'dar] belästigen, stören
incrível [in'kriweo] unglaublich
indecente [inde'seintschi] unanständig
indeciso [inde'siso] unentschlossen
indenização [indenisa'sau] *f* (Schaden-)Ersatz
indenizar [indeni'sar] *(Schaden)* ersetzen
indicação [indika'sau] *f* Angabe
indício [in'disio] (An-)Zeichen
indígena [in'dischena] einheimisch
infelicidade [infelisi'dadschi] *f* Unglück
infelizmente [infelis'meintschi] leider, unglücklicherweise
inflamável [infla'maweo] feuergefährlich
informação [informa'sau] *f* Auskunft, Bescheid
informar [infor'mar] berichten, melden, benachrichtigen, informieren; **informar alg** [infor'mar au'gein] jdn verständigen; **infor-**

mar-se [infor'mar-si] s. erkundigen
inglês [in'gles] Engländer; englisch
íngreme ['ingremi] steil
inocente [ino'seintschi] unschuldig
inquietar-se [inkie'tar-si] s. beunruhigen
inseto [in'seto] Insekt
insignificante [insignifi'kantschi] unwichtig
insistir em [insis'tir 'eing] bestehen auf
instalação [instala'sau] *f* Anlage
instrução [instru'sau] *f* Ausbildung
insultar [insu'tar] schimpfen
insuportável [insupor'taweo] unerträglich
inteiramente [inteira'meintschi] *adv* ganz
inteiro [in'teiro] vollständig, ganz
inteligente [inteli'scheintschi] klug
interessante [intere'ßantschi] interessant
interessar-se (por) [intere'ßar-si (por)] s. interessieren (für)
interior, no ~ [no interi'or] drin(nen)
internacional [internasio'nau] international
interromper [interhom'per] abbrechen, unterbrechen
inverso [in'werso] *adj* umgekehrt
investigar [inwesti'gar] untersuchen
invulgar [inwul'gar] ungewöhnlich
ir [ir] fahren, gehen; **ir a pé** [ir a pä] *(zu Fuß)* gehen; **ir buscar** [ir bus'kar] (ab-)holen; **ir de avião** [ir di awi'au] *(mit dem Flugzeug)* fliegen; **ir viajar** [ir wia'schar] verreisen; **ir-se embora** [ir-si eing'bora] weggehen
irado [i'rado] zornig
irmã [ir'ma] *f* Schwester
irmão [ir'mau] Bruder
irritar-se com [ihi'tar-si kon] s. ärgern über
isso ['ißo] das; **por isso** [por 'ißo] deshalb; *(Grund)* daher
itinerário [itine'rario] (Reise-) route

J

já ['scha] sofort, gleich; bereits, schon; **já que** [scha ke] *(Grund)* da
jardim [schar'ding] *m* Garten
jejum, em ~ ['eing 'scheschum] nüchtern
jogar [scho'gar] spielen
jornal [schor'nau] *m* Zeitung
jovem ['schowen] jung
juntamente [schunta'meintschi] zusammen
junto de ['schunto di] neben; vorbei; **junto do Amazonas** ['schunto do ama'sonas] am Amazonas
juntos ['schuntos] *adv* zusammen, gemeinsam
justamente [schusta'meintschi] *(zeitlich)* gerade

L

lá [la] *(Ort)* da, dort; dorthin
lado ['lado] Seite; **ao lado de** [ao 'lado di] neben; **noutro lado** ['noutro 'lado] anderswo
lago ['lago] *m (Binnengewässer)* See
lama ['lama] Schmutz, Schlamm
lamentar [lamen'tar] bedauern
lançar [lan'sar] werfen

lanche ['lanschi] *m* Imbiss; Schnellgericht
largo ['largo] breit; weit
lata ['lata] Dose
lavar [la'war] waschen
leal [le'au] treu; fair
lembrar alguma coisa a alg [lembrar au'guma 'koisa a au'gein] jdn an etw erinnern; **lembrar-se** [lem'brar-si] s. erinnern
lenço [len'so] (Kopf-)Tuch
lento ['lento] *adj* langsam
ler [ler] lesen
leste ['lesti] *m* Osten
levantar [lewan'tar] heben; **levantar-se** [lewan'tar-si] aufstehen
levar [le'war] tragen; forttragen; mitnehmen; überbringen; *(Zeit)* brauchen; **levar para casa (de carro)** [le'war 'para 'kasa (di 'kaho)] zurückfahren
leve ['läwi] *(Gewicht)* leicht
lhes [lis] *dat* euch
licença [li'sensa] Urlaub
ligação [liga'sau] *f (Zug, tele)* Verbindung
ligar [li'gar] binden; *(tele, med)* verbinden; einschalten
limpar [lim'par] putzen, reinigen
limpo ['limpo] sauber
lindo ['lindo] hübsch, schön
língua ['lingua] Sprache
linha ['linja] *(el, tele)* Leitung; Linie; (Bahn-)Strecke
liquidação [likwida'sau] *f* Ausverkauf
líquido ['likido] flüssig
lista ['lista] Liste, Verzeichnis
livre ['liwri] frei
livro ['liwro] Buch
lixo ['lischo] Abfall, Müll
logo ['logo] bald, sofort; direkt
longo ['longo] *(Weg)* weit
louco ['louko] verrückt
louvar [lou'war] loben
lua ['lua] Mond
lucro ['lukro] Gewinn
lugar [lu'gar] Ort, Stelle; Platz; **em lugar de** ['eing lu'gar di] statt
luxuoso [luschu'oso] luxuriös
luz [lus] *f* Licht

M

macio [ma'sio] weich
madeira [ma'deira] Holz
maduro [ma'duro] reif
mãe [mai] *f* Mutter
magnífico [ma'gnifiko] herrlich
mágoa ['magoa] Kummer
magro ['magro] mager
mais [mais] mehr; plus; **de mais** [di mais] zu sehr, zu viel; **mais (do) que** [mais (do) ke] mehr als
mal [mau] *adv* schlecht, übel; kaum
mala ['mala] Koffer
maluco [ma'luko] verrückt
mal-entendido [mau-enten'dido] Missverständnis
mancha ['manscha] Fleck
mandar [man'dar] schicken, senden, wegschicken; *(Brief, Telegramm)* aufgeben
maneira [ma'neira] Art; Weise; **de maneira nenhuma** [di ma'neira nen'juma] durchaus nicht; keinesfalls
manhã [man'ja] *f* Vormittag
manifestação [manifesta'sau] *f* Veranstaltung
máquina ['makina] Maschine
mar [mar] *m* Meer, die See
maravilhoso [marawil'joso] wunderbar
marcar [mar'kar] *(Platz)* buchen; vorbestellen; *(tele)* wählen

margem ['marscheing] *f* Rand; *(Fluss)* Ufer
marido [ma'rido] (Ehe-)Mann
marrom [ma'hom] braun
mas ['mas] aber; doch; sondern
masculino [masku'lino] männlich
material [materi'au] *m* Material
mau [mau] böse; schlecht; schlimm
máximo, no ~ [no 'masimo] höchstens
me [mi] mir, mich
média, em ~ ['eing 'mädia] *adv* durchschnittlich
médio ['mädio] *adj* durchschnittlich
medo ['medo] Angst, Furcht; **ter medo de** [ter 'medo di] s. fürchten vor
meigo ['meigo] zärtlich
meio ['meio] Mitte; Mittel; halb; **por meio de** [por 'meio di] durch; mittels
meio-dia ['meio-'dschia] *m* Mittag
melhor [mel'jor] besser, beste(r, s)
melhorar [meljo'rar] verbessern
menina [me'nina] Mädchen
menos ['menos] weniger; minus; **ao menos** [ao 'menos] wenigstens; **pelo menos** ['pelo 'menos] mindestens
mensal [men'sau] *adj* monatlich
mensalmente [mensau'meintschi] *adv* monatlich
mentira [men'tira] Lüge
mentiroso [menti'roso] Schwindler
mês [mes] *m* Monat; **por mês** [por mes] *adv* monatlich
mesa ['mesa] Tisch
mesmo ['mesmo] selbst; derselbe, dasselbe; sogar; **ao mesmo tempo** ['ao 'mesmo 'tempo] *adv* gleichzeitig
metade [me'tadschi] *f* Hälfte
meu ['meu] mein(e)
mim [ming] mir, mich; **por mim** [por ming] meinetwegen
minha ['minja] mein(e)
minuto [mi'nuto] Minute
missa ['mißa] *(rel)* Messe
misto ['misto] gemischt
misturado [mistu'rado] gemischt
moça ['mosa] Fräulein
mochila [mo'schila] Rucksack
moda ['moda] Mode
moderno [mo'derno] modern
modo ['modo] Art; Weise
mole ['moli] weich
molhado [mol'jado] nass
molhe ['molji] *m* Mole
momento [mo'mento] Augenblick, Moment
monja ['monja] Nonne
monte ['montschi] *m* Berg
morar [mo'rar] wohnen
morder [mor'der] beißen
morrer [mo'her] sterben
morro ['moho] Berg
morte [mor'tschi] *f* Tod
morto ['morto] tot
mosca ['moska] Fliege
mosquito [mos'kito] Mücke
mostrar [mos'trar] zeigen, vorzeigen
motivo [mo'tiwo] Anlass, (Beweg-)Grund
motorista [moto'rista] *m* Chauffeur, Fahrer
móvel ['moweo] *m* Möbel
mudança [mu'dansa] Veränderung, Wechsel
mudar [mu'dar] ändern, verändern; **mudar de roupa** [mu'dar di 'roupa] s. umziehen
muitas vezes ['muitas 'weses] *adv* häufig, oft

muito ['muito] sehr, viel; **com muito gosto** [kon 'muito 'gosto] gern
mulher [mul'jer] *f* Frau, Ehefrau
multa ['multa] Geldstrafe
mundo ['mundo] Welt
música ['musika] Musik

N

nada ['nada] nichts
nadar [na'dar] schwimmen
não [nau] nicht; **ainda não** [a'inda nau] noch nicht
nascido [na'sido] geboren
nativo [na'tiwo] einheimisch
natural [natu'rau] natürlich; einheimisch; **ser natural de** [ser natu'rau di] stammen aus
naturalmente [naturau'meintschi] *adv* natürlich
natureza [natu'resa] Natur
necessário [nese'ßario] nötig, notwendig
necessitar (de) [neseßi'tar (di)] brauchen
negativo [nega'tiwo] negativ
nenhum [nen'jum] kein
nervoso [ner'woso] nervös
neta ['neta] Enkelin
neto ['neto] Enkel
ninguém [nin'gein] keine(r), niemand
nocivo [no'siwo] schädlich
noite ['noitschi] *f* Nacht; Abend
noivo/noiva ['noiwo/'noiwa] der/die Verlobte
nome ['nomi] *m* Name
nomear [nome'ar] nennen
normal [nor'mau] normal, üblich
normalmente [normau'meintschi] normalerweise
norte ['nortschi] *m* Norden; **ao norte de** [ao 'nortschi di] nördlich von
nós [nos] wir; **nos** uns
nosso/nossa ['noßo/'noßa] unser, unsere
nota ['nota] Aufzeichnung; (Geld-) Schein; **tomar nota de** [to'mar 'nota di] aufschreiben; **tomar nota de alguma coisa** [to'mar 'nota di au'guma 'koisa] s. etw merken
notar [no'tar] bemerken, merken
notícia [no'tisia] Nachricht, Neuigkeit
novamente [nowa'meintschi] wieder
novidade [nowi'dadschi] *f* Neuheit, Neuigkeit
novo ['nowo] neu; frisch; klein, jung; **de novo** [di 'nowo] wieder
nu [nu] nackt
número ['numero] Nummer, Zahl; *(Schuhe)* Größe; **grande número de** ['grandschi 'numero di] eine Menge
nunca ['nunka] je; nie

O

objetivo [obsche'tiwo] Zweck, Ziel
objeto [ob'scheto] *(Ding)* Gegenstand; **objetos de valor** [ob'schetos di wa'lor] *m pl* Wertsachen
obrigação [obriga'sau] *f* Pflicht, Verpflichtung, Zwang; **ter obrigação de** [ter obriga'sau di] verpflichtet sein
obrigar [obri'gar] zwingen
observar [obser'war] betrachten, beobachten; *(sagen)* bemerken
obter [ob'ter] *(durch Bemühung)* erhalten, erlangen

ocasião [okasi'au] *f* Anlass, Gelegenheit
ocasionalmente [okasionau'meintschi] *adv* gelegentlich
ocidente [osi'deintschi] *m* Westen
ocupado [oku'pado] beschäftigt; *(Platz)* besetzt
ocupar-se de [oku'par-si di] s. kümmern um; *(einer Sache)* nachgehen
oeste [o'estschi] *m* Westen
ofensa [o'fensa] Beleidigung
oferecer [ofere'ser] (an)bieten; schenken
oficial [ofisi'au] amtlich, offiziell
olhar [ol'jar] *m* Blick; anschauen, schauen, zuschauen
opinar [opi'nar] meinen
opinião [opi'niau] *f* Ansicht, Meinung
oportunidade [oportuni'dadschi] *f* Gelegenheit
oposto [o'posto] entgegengesetzt
oriente [ori'eintschi] *m* Osten
os/as [os/as] *acc* euch
ou [ou] oder; **ou ... ou** [ou ... ou] entweder ... oder
ousar [ou'sar] wagen
outro ['outro] ein anderer; **de outro jeito** [di 'outro 'scheito] *adv* anders; **de outra maneira/forma** [di 'outra ma'neira/'forma] *adv* anders
outru ['outru] der andere
ouvir [ou'wir] hören

P

paciência [pasi'änsia] Geduld
padre ['padri] *m* Priester
pagar [pa'gar] bezahlen, zahlen; **pagar em dinheiro** [pa'gar 'eing dschin'jeiro] bar zahlen
pai ['pai] *m* Vater; **pais** ['pais] *m pl* Eltern
país [pa'is] *m* Land, Inland
palácio [pa'lasio] Palast, Schloss
palavra [pa'lawra] Wort
pálido ['palido] bleich
pano ['pano] Tuch
para ['para] für; *(Richtung)* zu; *(zeitlich)* gegen; **para baixo** ['para 'baischo] abwärts, bergab; **para cima** ['para 'sima] aufwärts, bergauf; **a/para o Brasil** [a/'para o bra'siu] nach Brasilien; **para trás** [para 'tras] rückwärts, zurück
parabéns [para'beins] *m pl* Glückwunsch
parar [pa'rar] halten, anhalten, stehen bleiben; aufhören
pare! ['pari] halt!
parecer-se com [pare'ser-si kon] gleichen
parecido [pare'sido] ähnlich
parede [pa'redschi] *f* Wand
parente [pa'reintschi] verwandt
parque ['parki] *m* Park
parte ['partschi] *f* Teil; **por toda a parte** [por 'toda a 'partschi] überall; **tomar parte (em)** [to'mar 'partschi ('eing)] teilnehmen (an); **em parte nenhuma** ['eing 'partschi nen'juma] nirgends
participação [partisipa'sau] *f* Mitteilung
participar [partisi'par] melden, mitteilen; **participar (em)** [partisi'par ('eing)] teilnehmen (an)
particular [partiku'lar] eigen(artig); privat
partido [par'tido] kaputt
partir [par'tschir] *(kaputtgehen)* brechen, zerbrechen; abbrechen; teilen; fortgehen, aufbrechen, starten; ausreisen; **partir de** [par'tschir di] abfahren von; **partir**

para [par'tschir 'para] abreisen nach; **a partir de** [a par'tschir di] ab

parvo ['parwo] dumm

passado [pa'ßado] Vergangenheit; vorbei, vorüber

passageiro [paßa'scheiro] Fahrgast

passagem [pa'ßascheing] *f* Durchfahrt, Durchreise; Durchgang, Gang, Passage, Übergang; **de passagem** [di pa'ßascheing] auf der Durchreise; **passagem subterrânea** [pa'ßascheing subte'hanea] *f* Unterführung

passar [pa'ßar] *(geben)* reichen; überschreiten, *(Zeit)* verbringen; *(Zeit)* vergehen, vorübergehen

pássaro ['paßaro] *(kleiner)* Vogel

passear [paße'ar] spazieren gehen

passeio [pa'ßeio] Bummel; Spaziergang; Tour

pátio ['patio] Hof

pátria ['patria] Heimat; Vaterland

peça ['päsa] Stück

pedaço [pä'daso] Stück; **um pedaço de pão** [pä'daso di pau] ein Stück Brot

pedestre [pe'destri] *m* Fußgänger

pedido [pe'dido] Bitte

pedir [pe'dschir] verlangen; **pedir alguma coisa a alg** [pe'dschir au'guma 'koisa a au'gein] jdn um etw bitten; **pedir emprestado** [pe'dschir empres'tado] leihen, entleihen

pedra ['pädra] Stein

pedregoso [pädre'schoso] steinig

peixe ['peischi] *m* Fisch

pela/pelas ['pela/'pelas] *(gegen)* um

pele ['peli] *f* Fell, Pelz

pena ['pena] Feder; Mitleid; Strafe; **que pena!** [ke 'pena] wie schade!

penhor [pen'jor] *m* Pfand

pensar [pen'sar] meinen; **pensar em** [pen'sar 'eing] denken an

penúltimo/a [pen'ultschimo/a] vorletzte(r, -s)

pequeno [pe'keno] klein, gering

perda ['perda] Verlust

perder [per'der] verlieren; *(Zug)* verfehlen, verpassen, versäumen; **perder-se** [per'der-si] s. verirren

pergunta [per'gunta] Frage

perguntar [pergun'tar] fragen

periferia [perife'ria] Peripherie, Vorort, Vorstadt

perigo [pe'rigo] Gefahr

perigoso [peri'goso] gefährlich

permissão [permi'ßau] *f* Erlaubnis

permitido [permi'tido] zulässig

permitir [permi'tschir] erlauben, zulassen, genehmigen; ermöglichen

pernoitar [pernoi'tar] übernachten

persuadir [persua'dir] überreden

pertencer a [perten'ser a] gehören

perto ['perto] *adv* dicht, nahe; **perto de** ['perto di] nahe bei

pesado [pe'sado] *(Gewicht)* schwer

pesar [pe'sar] *m* Bedauern; wiegen

peso ['peso] Gewicht

pessoa [pe'ßoa] Person, Mensch

pessoal [peßo'au] *m* Personal; persönlich

piada [pi'ada] Witz

picar [pi'kar] *(Insekten)* beißen, stechen

pintar [pin'tar] malen

placa ['plaka] Schild

planície [pla'nisie] *f* Ebene

plano ['plano] eben, flach; Plan
planta ['planta] Pflanze; **planta da cidade** ['planta da si'dadschi] Stadtplan
pó [po] *m* Pulver; Staub
pobre ['pobri] arm
poder [po'der] können; dürfen
podre ['podri] *(Obst)* faul; verdorben
pois ['pois] denn
polícromo [po'likromo] bunt
ponta ['ponta] Spitze
ponto culminante ['ponto kulmi'nantschi] Höhepunkt
pontual [pontu'au] pünktlich
por *(Grund)* aus; *(Passiv)* durch; *(mittels)* durch, für, pro; **por causa de** [por 'kausa di] wegen
pôr [por] legen, setzen, stellen
porém [po'reing] doch, jedoch
porque [por'ke] weil; denn
porta ['porta] Tür; Tor
portanto [por'tanto] also
positivo [posi'tiwo] positiv
possibilidade [poßibili'dadschi] *f* Möglichkeit
possível [po'ßiweo] möglich; **mais depressa possível** [o mais de'preßa po'ßiweo] so bald wie möglich
possuidor [poßui'dor] *m* Besitzer
pouco ['pouko] wenig; **um pouco (de)** [um 'pouko (di)] ein bisschen, etwas; **um pouco (de)** [um 'pouko (di)] ein wenig (von)
povo ['powo] Volk
povoação [powoa'sau] *f* Ortschaft
praça ['prasa] Platz *(in der Stadt)*
praia ['praia] Strand
prancha ['pranscha] Steg
prática ['pratika] Praxis; Übung
praticar [prati'kar] üben
prático ['pratiko] praktisch
prato ['prato] *(Essen)* Gang, Gericht; *(zum Anrichten)* Platte, Teller
prazer [pra'ser] *m* Gefallen; Genuss, Lust, Spaß, Vergnügen; **ter muito prazer em** [ter 'muito praser 'eing] s. freuen auf
precisar de [presi'sar di] benötigen, brauchen
preciso [pre'siso] genau; nötig, notwendig
preço ['preso] Preis; **preço de entrada** ['preso di en'trada] Eintrittspreis; **preço total** ['preso to'tau] Pauschale
preferir [prefe'rir] lieber haben, vorziehen
preguiçoso [pregi'soso] faul
prejuízo [preschu'iso] Schaden
preocupar-se com [preoku'par-si kon] s. sorgen um
preparar [prepa'rar] vorbereiten; zubereiten
prescrição [preskri'sau] *f* Vorschrift
presente [pre'seintschi] *m* Geschenk; anwesend; **estar presente** [es'tar pre'seintschi] da sein
pressa ['preßa] Eile; **ter pressa** [ter 'preßa] es eilig haben
prima ['prima] Cousine
primeiro erste(r, -s); erst, zunächst, zuerst; **em primeiro lugar** ['eing pri'meiro lu'gar] zuerst, zunächst; **primeiros socorros** [pri'meiros so'kohos] *m pl* erste Hilfe
primo ['primo] Cousin
principal [prinsi'pau] *adj* hauptsächlich
principalmente [prinsipau'meintschi] *adv* hauptsächlich

prioridade [priori'dadschi] Vorfahrt
privado [pri'wado] privat
procuração [prokura'sau] *f* Vollmacht
procurar [proku'rar] suchen, nachsehen, s. umsehen
produto [pro'duto] Erzeugnis, Produkt
profissão [profi'ßau] *f* Beruf
profundo [pro'fundo] tief
programa [pro'grama] *m* Programm
proibição [proibi'sau] *f* Verbot
proibido [proi'bido] verboten
proibir [proi'bir] verbieten
projeto [pro'scheto] *(Absicht)* Plan
prolongar [prolon'gar] verlängern
prometer [prome'ter] versprechen
pronto ['pronto] bereit, fertig
pronunciar [pronunsi'ar] aussprechen
proposta [pro'posta] Vorschlag
proprietário [proprie'tario] Eigentümer, Besitzer
próprio ['proprio] eigen; selbst; geeignet, richtig
prospecto [pros'pekto] Prospekt
protestar [protes'tar] protestieren
prova ['prowa] Beweis; Zeichen
provar [pro'war] beweisen; anprobieren; *(Speisen)* versuchen
provável [pro'waweo] wahrscheinlich
provisão [prowi'sau] *f* Vorrat
provisório [prowi'sorio] provisorisch
próximo ['prosimo] nächste(r, -s)
prudente [pru'deintschi] vorsichtig
público ['publiko] öffentlich; Publikum
puxar [pu'schar] ziehen

Q

quadro ['kwadro] Gemälde, Bild
qualidade [kwali'dadschi] *f* Eigenschaft, Qualität
quando ['kwando] *(zeitlich)* als, wenn; **quando muito** ['kwando 'muito] höchstens
quantia [kwan'tia] Betrag, Summe
quantidade [kwanti'dadschi] *f* Menge
quanto antes ['kwanto 'antes] so bald wie möglich
quarto ['kwarto] Raum
quase ['kwasi] beinahe, fast
que [ke] *(bei Vergleich)* als; dass, was; **do que** [do ke] *(bei Vergleich)* als
quebrado [ke'brado] defekt, kaputt
queimado [kei'mado] *(gebräunt)* braun
queimar [kei'mar] verbrennen
queixar- se (de) [kei'schar-si (di)] s. beschweren (über), s. beklagen (über)
quente ['keintschi] heiß, warm
querer [ke'rer] wollen, mögen
querida/o [ke'rida/o] Liebling
quieto [ki'eto] still
quitar [ki'tar] Quittung

R

rádio ['radio] *f* Radio
raiva ['raiwa] Wut
ralhar [ral'jar] schimpfen
ramo ['ramo] (Blumen-)Strauß
rapaz [ra'pas] *m* Junge
rapidamente [rapida'meintschi] *adv* rasch, schnell
rápido ['rapido] *adj* rasch, schnell
raramente [rara'meintschi] *adv* selten

raro ['raro] *adj* selten; **raras vezes** ['raras 'weses] *adv* selten
rasgar [ras'gar] *(kaputtgehen)* reißen; zerreißen
raso ['raso] flach
razão [ra'sau] *f* Grund; *(Vernunft)* Verstand; **ter razão** [ter ra'sau] Recht haben
real [re'au] *adj* wirklich
realizar-se [reali'ßar-si] stattfinden
recear [rese'ar] befürchten, fürchten
receber [rese'ber] bekommen, empfangen, erhalten
recente [re'seintschi] neu, frisch
recibo [re'sibo] Quittung
recipiente [resipi'eintschi] *m* Behälter, Gefäß
reclamação [reklama'sau] *f* Beanstandung, Beschwerde
reclamar [rekla'mar] reklamieren
recomendar [rekomen'dar] empfehlen
recompensa [rekom'pensa] Belohnung
recordar-se [rekor'dar-si] s. erinnern
recusar [reku'sar] ablehnen, zurückweisen; **recusar-se** [reku'sar-si] s. weigern
redondo [re'dondo] rund
redução [redu'sau] *f* Ermäßigung
refeição [refei'sau] *f* Essen, Mahlzeit
refresco [re'fresko] Erfrischung
regatear [regate'ar] feilschen
região [reschi'au] *f* Gegend
regressar [regre'ßar] wiederkommen, zurückkehren
regresso [re'greßo] Heimreise; Rückkehr; **(a viagem de) regresso** [(a wi'ascheing di) re'greßo] Rückfahrt
regular [regu'lar] regelmäßig; regeln
regularmente [regular'meintschi] *adv* regelmäßig
relação [rela'sau] *f* Verbindung
remédio [re'mädio] (Heil-)Mittel
remendar [remen'dar] flicken
renda ['renda] *(Gewebe)* Spitze
reparar [repa'rar] *(Schaden)* ersetzen; reparieren
repartição [reparti'sau] *f* Dienststelle, Amt
repartir com alg [repar'tschir kon au'gein] mit jdm teilen
repente, de ~ [di re'peintschi] plötzlich
repetir [repi'tschir] wiederholen
repouso [re'pouso] Ruhe, Erholung
representação [representa'sau] *f* *(Theater)* Vorstellung
reservar [reser'war] buchen, reservieren, vorbestellen
resistente [resis'teintschi] haltbar
resolver [resol'wer] beschließen, entscheiden; erledigen; **resolver-se** [resol'wer-si] s. entschließen
responder [respon'der] antworten, erwidern; **responder a** [respon'der a] beantworten
responsável [respon'saweo] verantwortlich, zuständig
restabelecer-se [restabeleser-si] s. erholen
restituir [restitu'ir] zurückgeben
resultado [resul'tado] Ergebnis
reunir [reu'nir] sammeln
rezar [re'sar] beten
rico ['riko] reich
ridículo [ri'dikulo] lächerlich
rio ['rio] Fluss, Strom
rir [rir] lachen
risco ['risko] Risiko

rocha ['roscha] Fels
rodeio [ro'deio] Umweg
roncar [ron'kar] schnarchen
roubar [rou'bar] stehlen
roupa ['roupa] Kleidung
rua ['rua] Straße
ruído [ru'ido] Geräusch, Lärm

S

saber [sa'ber] wissen; *(gelernt haben)* können; erfahren; schmecken
saco ['sako] Sack; **saco de papel** ['sako di pa'päu] *(größere)* Tüte
sagrado [sa'grado] heilig
saída [sa'ida] Ausfahrt, Ausgang
sair [sa'ir] ausgehen, hinausgehen; *(Buch)* erscheinen
sala ['sala] Saal
saldo ['saudo] Ausverkauf
saltar [sau'tar] springen
salvar [sau'war] retten
santo ['santo] heilig
satisfeito [satis'feito] zufrieden, froh; befriedigt; satt; **satisfeito (com)** [satis'feito (kon)] erfreut (über)
saudável [sau'daweo] gesund
se [si] man; wenn, falls; ob
seção de perdidos e achados [se'sau di per'didos i a'schados] *f* Fundbüro
secar [se'kar] trocknen
seco ['seko] trocken *(auch Wein)*
secreto [se'kreto] geheim; heimlich
sede ['sedschi] *f* Sitz
sêde, ter ~ [ter 'sädschi] durstig sein
segredo [se'gredo] geheim
seguinte [segu'intschi] nächste(r, -s)
seguir [se'gir] folgen, *(jdm)* nachgehen; befolgen
segundo [se'gundo] Sekunde; zweite(r, -s); **em segundo lugar** ['eing se'gundo lu'gar] zweitens
segurança [segu'ransa] Sicherheit
segurar [segu'rar] (fest)halten; versichern
seguro [se'guro] sicher, zuverlässig; Versicherung
self-service [self-'serwis] *m* Selbstbedienung
selva ['selwa] Busch, Urwald
selvagem [sel'wascheing] wild
sem [seing] ohne; **sem compromisso** [seing kompro'mißo] unverbindlich; **sem respeito** [seing re'speito] rücksichtslos
semana [se'mana] Woche; **todas as semanas** ['todas as se'manas] *adv* wöchentlich
semanal [sema'nau] *adj* wöchentlich
sempre ['sempri] immer, stets
senhor [sen'jor] Herr
senhora [sen'jora] Dame; **Senhora D.** [sen'jora 'dona] *(Anrede, vor Namen)* Frau
senhorita [senjo'rita] Fräulein
sentar-se [sen'tar-si] s. hinsetzen, s. setzen; **estar sentado** [es'tar sen'tado] sitzen
sentido [sen'tido] Sinn
sentimento [senti'mento] Gefühl
sentir [sen'tschir] fühlen; bedauern
separar [separ'ar] trennen
ser [ser] sein; **ser de** [ser di] gehören
sério ['särio] ernst
serpente [ser'pentschi] *f* Schlange
serviço [ser'wiso] Bedienung; Dienst

servir [ser'wir] bedienen, servieren; dienen; **servir-se** [serwir-si] *(Essen)* zugreifen
seu ['seu] *poss prn* sein; *poss prn f sing* ihr
sexo ['sexo] Sex
significado [signifi'kado] Sinn, Bedeutung
significar [signifi'kar] bedeuten, heißen
simpático [sim'patiko] nett, sympathisch
simples ['simples] einfach
sinal [si'nau] *m* Zeichen, Signal
sítio ['sitschio] Ort, Stelle; Landhaus
situação [situa'sau] *f* Lage
só [so] allein, einzeln; *(nicht früher als)* erst; nur
sob [sob] unter
sobrar [so'brar] übrig bleiben
sobre ['sobri] auf, über
soletrar [sole'trar] buchstabieren
sólido ['solido] *(hart)* fest
solitário [soli'tario] einsam
solo ['solo] Boden
soltar [sol'tar] lösen
solteiro [sol'teiro] Junggeselle; ledig
som [som] *m* Klang, Ton
soma ['soma] Summe; **soma global** ['soma glo'bau] Pauschale
sombra ['sombra] Schatten
sonho ['sonjo] Traum
sossegado [soße'gado] still
sozinho [so'sinjo] einsam, allein
sua ['sua] *poss prn sing* ihr, sein
suar [su'ar] schwitzen
suave [su'awi] mild; *(Ton, Farbe)* weich
substituir [substitu'ir] ersetzen
subúrbios [sub'urbios] *m pl* Vorort, Vorstadt
suceder [suse'der] s. ereignen, geschehen, passieren
suficiente [sufisi'eintschi] genug
sugestão [susches'tau] *f* Tip
Suíça ['swißa] Schweiz
suíço/suíça ['swißo/'swißa] Schweizer/in
sujeira [su'scheira] *f* Schmutz
sujo ['suscho] schmutzig
sul [sul] *m* Süden; **ao sul de** [ao sul di] südlich von
suplementar [suplemen'tar] zusätzlich
suportar [supor'tar] ertragen; vertragen
surpreendido [surpre-en'dido] überrascht

T

tabaco [ta'bako] Tabak
talvez [tau'weis] vielleicht
tamanho [ta'manjo] *(Kleidung)* Größe
também [tam'being] auch; **também não** [tam'being nau] auch nicht
tão ... como [tau ... 'komo] genauso ... wie
tarde ['tardschi] *f* Abend; Nachmittag; spät
taxas ['taschas] Gebühren
te [te] dir, dich
tecido [te'sido] Gewebe, Stoff
telefonar [telefo'nar] anrufen, telefonieren
temer [te'mer] fürchten
tempo [a 'tempo] Zeit; Wetter; rechtzeitig; **com este tempo** [kon 'este 'tempo] bei diesem Wetter
tencionar [tensio'nar] beabsichtigen
tentar [ten'tar] versuchen

ter [ter] haben; **ter de** [ter di] müssen
terceiro [ter'seiro] dritte(r, -s)
terminar [termi'nar] aufhören, enden, beenden; vollenden; *(Frist)* ablaufen
terno ['terno] *(weich)* zart, zärtlich
terra ['teha] *(Gegensatz zu Wasser)* Land; **terra natal** ['teha na'tau] Heimat
terreno [te'heno] Gelände
térreo ['täheo] Erdgeschoss
terrível [te'hiweo] fürchterlich, schrecklich
teu ['teu] dein
ti [ti] dir, dich
time ['timi] *m (Sport)* Mannschaft
tímido ['timido] schüchtern
típico ['tipiko] typisch
tirar [ti'rar] ziehen, reißen; wegnehmen; *(Foto)* aufnehmen; **tirar foto** [ti'rar 'foto] fotografieren
tocar [to'kar] berühren; läuten
todo ['todo] *adj* ganz; das Ganze
todos ['todos] alle
tolo ['tolo] blöd(e), dumm
tom [tom] *m (Farbe)* Ton
tomar [to'mar] nehmen; trinken; **tomar conta (de)** [to'mar 'konta di] aufpassen (auf); **tomar nota de** [to'mar 'nota di] aufschreiben; **tomar nota de alguma coisa** [to'mar 'nota di au'guma 'koisa] s. etw merken; **tomar o café da manhã** [to'mar o ka'ta da man'ja] frühstücken; **tomar parte (em)** [to'mar 'partschi ('eing)] teilnehmen (an)
tornar possível [tor'nar po'ßiweo] ermöglichen; **tornar-se** [tor'nar-si] werden
total [to'tau] ganz; voll; das Ganze
trabalhar [trabal'jar] arbeiten; bearbeiten
trabalho [tra'baljo] Arbeit
traduzir [tradu'sir] übersetzen
traje ['traschi] *m* Tracht
trajeto [tra'scheto] Strecke
tranquilo [tran'kwilo] still
trânsito ['transito] Verkehr
transmissão [transmi'ßau] *f (Radio, Fernsehen)* Sendung
tratar [tra'tar] behandeln
trazer [tra'ser] tragen; (her-, mit-) bringen, zurückbringen
tribunal [tribu'nau] *m (Justiz)* Gericht
tripulação [tripula'sau] *f (Schiff)* Mannschaft
triste ['tristschi] traurig
troca ['troka] Austausch, Wechsel
trocar [tro'kar] tauschen, austauschen; vertauschen; umtauschen
tu [tu] du
tua ['tua] dein
tudo ['tudo] alles
túnel ['tuneo] *m* Tunnel
Turismo [tu'rismo] Verkehrsbüro
turista [tu'rista] *m/f* Tourist/in
turvo ['turwo] *(Flüssigkeit)* trüb

U

último ['ultschimo] letzte(r, -s); **em último lugar** ['eing 'ultschimo lu'gar] zuletzt
ultrapassar [ultrapa'ßar] überholen
um [um] ein(e); eins
uma ['uma] ein(e); eins
único ['uniko] einzig
urgente [ur'scheintschi] dringend
usar [u'sar] benutzen, gebrauchen
usual [usu'au] gebräuchlich
utilizar [utili'sar] benutzen

V

vale ['wali] *m* Gutschein
valer [wa'ler] gelten
válido ['walido] gültig; **ser válido** [ser 'walido] gelten
valor [wa'lor] *m* Wert; **sem valor** [seing wa'lor] wertlos
vantagem [wan'tascheing] *f* Vorteil; Vorzug
em vão ['eing wau] umsonst, vergebens
vátio ['watio] Watt
vazio ['wasio] leer
velho ['weljo] *(nicht frisch)* alt
velocidade [welosi'dadschi] *f* Geschwindigkeit; *(Auto)* Gang
venda ['wenda] Verkauf
vender [wen'der] verkaufen
veneno [we'neno] Gift
venenoso [wene'noso] giftig
ver [wer] (an)schauen, (an)sehen, zuschauen; s. umsehen
verdadeiro [werda'deiro] wahr; wirklich, eigentlich
verificar [werifi'kar] kontrollieren, nachprüfen, prüfen
verme ['wermi] *m* Wurm
vertigens, com ~ [kon wer'tischeings] schwindlig
vespa ['wespa] Wespe
vestir [wes'tir] *(Kleidungsstück)* anziehen
vestuário [westu'ario] Kleidung
vez [wes] *f* Mal; **uma vez** ['uma wes] einmal; **em vez de** ['eing wes di] anstatt, statt
viagem [wi'ascheing] *f* Reise, Fahrt
viajante [wia'schantschi] *m/f* der/die Reisende
viajar [wia'schar] reisen, ausreisen
vida ['wida] Leben
vigarice [wiga'risi] *f (Gaunerei)* Betrug
vigiar [wischi'ar] bewachen
vila ['wila] Dorf; Villa
vinha ['winja] Weinberg
vir [wir] kommen, stammen; **vir a propósito** [wir a pro'posito] gelegen kommen, passen
visita [wi'sita] Besuch
visitar [wisi'tar] besichtigen; **visitar alg** [wisi'tar au'gein] jdn besuchen
vista ['wista] Ansicht, Aussicht, Blick, Sicht
vitrina [wi'trina] Schaufenster
viver [wi'wer] leben
vivo ['wiwo] lebend; lebhaft
vizinho/vizinha [wi'sinjo/wi'sinja] Nachbar/in
voar [wo'ar] fliegen
você [wo'se] du
vocês [wo'ses] euch; *pers prn* ihr
você/vocês [wo'se/wo'ses] Sie
volta ['wolta] Rückkehr; Runde, Tour
voltar [wol'tar] drehen; wiederkommen, zurückkehren; **voltar (de carro)** [wol'tar (di 'kaho)] zurückfahren; **voltar para trás** [wol'tar para 'tras] umkehren
vontade [won'tadschi] *f* Lust; **contra vontade** ['kontra won'tadschi] nicht gern
vosso ['woßo] euer
votar [wo'tar] *(Politik)* wählen
voz [wos] *f* Stimme
vulgar [wul'gar] gebräuchlich, gemein, gewöhnlich

W

watt [watt] Watt

Z

zangado [san'gado] verärgert, böse, zornig